商務印書館

你說的是從前

清末與今日中國

禤駿遠　著

責任編輯：林可淇

裝幀設計：趙穎珊

排　　版：周　榮

責任校對：趙會明

印　　務：龍寶祺

你說的是從前 —— 清末與今日中國

作　　者：褟駿遠

出　　版：商務印書館（香港）有限公司

香港筲箕灣耀興道3號東滙廣場8樓

http://www.commercialpress.com.hk

發　　行：香港聯合書刊物流有限公司

香港新界荃灣德士古道220–248號荃灣工業中心16樓

印　　刷：嘉昱有限公司

香港九龍新蒲崗大有街26–28號天虹大廈7字樓

版　　次：2023年4月第1版第1次印刷

© 2023商務印書館（香港）有限公司

ISBN 978 962 07 5945 1

Printed in Hong Kong

你說的是從前

清末與今日中國

禤駿遠　著

序

　　意大利歷史學家克羅齊（Benedetto Croce）說：「一切歷史都是當代史」；這是我看到這本書稿後不期然想到的名言。本書《你說的是從前──清末與今日中國》是襧駿遠先生的新作，內容主要論說清末與今日中國在歷史發展上的差異，從而刷新讀者對近現代中國歷史的印象。研究歷史是作者的副業，論說歷史是作者的生活樂趣；本書是作者以歷史學者的身份通過當代視界來觀看近世歷史的作品，行文陳述兼顧學術旨趣和可讀性，題目一語道出部分國人對認知中國的盲點誤區，肯定會引起讀者關注。

　　誠如作者所言，晚清歷史不容易閱讀；其實要理解當代歷史亦非易事，以當代歷史論說晚清歷史更難。工業革命的成功驅使歐洲輸出帝國主義和殖民主義，並以此建構新的世界秩序。1842 年，中國在鴉片戰爭中敗於英國之手，中國人開始面對喪權辱國的百年厄運；這是中國古代天下觀與現代世界秩序衝突的結果，中國的天朝格局亦因此走向終結。

　　就中國歷史的發展軌跡而言，清末的局面在一定程度上

符合傳統世俗歷史觀點中「天下大勢分久必合，合久必分」的公式。不過，公式化的陳述只能道出其然而未必知其所以然。中國政治傳統中的「合久必分」基本上是政治能量和社會資源分配失衡的結果；「分久必合」是政治能量和社會資源的重新組合。世界歷史語境的轉變製造了晚清再次面對由合而分的結局，肇始於西方帝國主義介入中國歷史的進程，致命的因素卻依然是政治能量和社會資源的分配失衡。太平天國動搖清朝江山固不待言，但更深遠的後果是促使地方勢力抬頭，最後重演漢唐地方傾軋中央的宿命。清朝覆亡之後的中國經歷了軍閥混戰和國共內戰的洗禮，這段分而再合的歷史儘管貌似羣雄逐鹿中原的歷史翻版，但此後的歷史進程卻走出了中國傳統王朝循環的道路，開創了本書所論說的今日中國。

今日的中國國民如果以當代的歷史視界重新審視過去百年的中國，所見與百年來的視點應該頗有不同。晚清國運殊蹇，有識之士莫不以為中國傳統文化乃民族自強的絆腳石，非改之棄之不能富國強兵。然而百年之後，昔日西方引以為傲的堅船利炮，今日已經是中國的家常日用！原來「立新」不必「破舊」，知識技術並無國界，此等器物的演進非關種族，亦不以文化傳統為支點。今日的中國依然中國，但器物技能已經位居世界前列。

驀然回首，晚清洋務運動風行之際，張之洞提出「中學為體，西學為用」的變革原則，竟然有穿透未來的遠大眼光，與今日中國標舉的「文化自信」互為表裏！誠然，同一個時代的人都活在同一個天空之下；但在精神上卻有人活在從前，有人活在今天，也有人活在當下，卻看見了未來。

劉智鵬教授 BBS，JP
全國政協委員
香港立法會議員
嶺南大學協理副校長

目錄

前言

治癒歷史的創傷 —— 從今日中國的視角看清末

我在美國普林斯頓大學（Princeton University）求學期間，經常接觸到一個字 "trauma"（心理創傷）。對看精神科醫生習慣成自然的美國人，失戀、失身、失婚、失業、被霸淩、被性騷擾、遭遇交通意外、童年陰影、大病一場，通通可以造成創傷。難怪早在 1980 年，美國精神科醫生組織美國精神醫學學會（American Psychiatric Association）已將「創傷後壓力症」（post-traumatic stress disorder，簡稱 PTSD）確認為精神病。據報美國每年多達 3.5% 的成人罹患此症，約 10% 的美國人更會在生命的某個階段「跟它遇上」。

可是，用美國人的話來說，他們沒有「壟斷」創傷的權利（Americans don't have a monopoly on trauma.）。說到歷史創傷，中國人承受的不會少於其他民族。很多人覺得清史難

以卒讀，原因在此。不要說正史，就連小說、電影和電視劇這些大眾文化和娛樂商品，只要觸及歷史的傷口，我們都會覺得痛。

我在看電影《投名狀》（2007年上映，導演是陳可辛，故事背景是1860年代清朝太平天國時期）時非常感動，讓我印象尤為深刻的是金城武飾演的姜午陽說的一句話：「在這個年代，死很容易，活着更難。」

這就是歷史的悲情。但想深一層，我們今日讀清史，應該覺得自豪而非屈辱。一如演員吳京在《戰狼2》手刃殺人如麻的美國狂徒後所言：「你說的中國是從前。」昔日晚清的積弱無能和閉關自守，恰恰反映了今日中國的日益強大和開放。

先從世界觀說起。1759年乾隆皇帝頒佈只有廣州能跟外國做貿易的「一口通商」政策，直到第一次鴉片戰爭以後才變成「五口通商」。清末學術界對國外事物的興趣不大。魏源的《海國圖志》和徐繼畬的《瀛寰志略》，在中國本土的銷售量遠不及日本。這不難理解，科舉制度是士大夫唯一在社會攀爬的路徑，而科舉從不考國外的東西。

儒家學說在中國根深蒂固，也造成對外來知識的抗拒。這從清廷對待「留美幼童」的態度可見一斑：當他們學得「太多」外國的東西時，就會被送回國。

中國首位駐英國大使是曾國藩的老鄉和好友郭嵩燾，他的湖南鄉親從不覺得與有榮焉，反而寫下對聯諷刺：「出乎其類，拔乎其萃，不容於堯舜之世；未能事人，焉能事鬼，何必去父母之邦。」郭氏無奈感歎道：「流傳百代千齡後，定識人間有此人。」

提出「信、達、雅」標準的翻譯家嚴復是另一例子。嚴復是英國格林威治皇家海軍學院（Royal Naval College, Greenwich）的高材生，成績遠勝同學伊藤博文，但回國後只能在水軍學堂教書。伊藤回到日本後卻身價十倍，後來更成為首相，帶領日本在甲午戰爭大敗滿清。

今天的中國早已走出自視為「中央王國」（Middle Kingdom）的狹隘思維和故步自封。今日中國是全球最大的貿易國，出口量乃美國、德國和日本的總和。留學生人數從 2009 年不足 23 萬增加到 2019 年逾 70 萬。學成回國的人數亦由 2009 年約 23 萬增加到 2019 年的 58 萬。

清末的「分」和今日中國的「合」

清朝是一個由少數民族領導的皇朝，八旗系統以滿洲人為主，納入若干蒙古人和漢人，構成一個高度集中的管治團

體。滿清明白，以儒家思想為核心的科舉考試制度，不但為極少數漢人提供出人頭地的途徑，更給予大多數漢人出人頭地的希望。但它對漢人的懷疑和不信任始終如一。這是自然的，畢竟漢人佔大清帝國子民的絕大多數，有道是：非我族類，其心必異。

這就解釋了為何清朝對改革畏首畏尾。大清嘗試平衡國家的整體利益和滿清政府與滿洲貴族的自身利益。當兩者出現衝突時，滿洲親貴的利益往往走在前面。比方說，當清廷認識到需要學習外文時，它首先想起的是滿洲八旗子弟。只因八旗子弟對此反應冷淡，才給予漢人機會，結果大大推遲國家現代化的速度。這就是清末的「分」。

再舉一例，太平天國在南方起義，咸豐皇帝本不想用漢人平亂，怕他們不夠忠心。但八旗和綠營兵打不過太平軍，漢人文官曾國藩才獲准訓練軍隊，成為日後的湘軍。李鴻章旗下、以安徽省鄉勇為骨幹的淮軍也是這樣冒出頭來。

淮軍擔負保衛清政府的重任，但不時遭到清廷打壓和控制。梁啟超總結甲午戰敗的原因是李鴻章「一人敵一國（日本）」。北洋水師在黃海戰役遭重創，並非無可避免。當時清朝的主力艦「定遠」和「致遠」停泊在山東威海衛，沒有成功阻擋日軍攻佔炮台。結果日軍用清軍的炮擊沉清軍的戰艦，令人痛心疾首。

光緒本想採用康、梁之計變法圖強,但變法損害滿人利益,慈禧遂把它捏死於萌芽之初。這就是「先保大清,後強中國」的基本原則。當然,康、梁進退失據,光緒操之過急,也是迫使太后出手的原因,責任並不全在老佛爺。

其後八國聯軍入侵北京城,東南各省選擇置身事外,史稱「東南互保」。大敵當前,地方政府居然可以隔岸觀火,不用「分」這個字,能用甚麼呢?

大清的「分」與今日中國的「合」恰成強烈對比。今天領導人推動的,是整個中華民族的復興,國家的發展和政策都朝着同一個中國夢的目標。「東南互保」已不可能在今日中國發生。

清末的「被動」和今天的「主動」

由於統治階級的目標與整體國家的發展方向背道而馳,滿清對改革和學習西方新事物的態度非常被動。

1793 年馬戛爾尼(George McCartney)訪華,帶來的禮物包括最新的火槍,卻遭乾隆冷待。乾隆對西方世界並非一無所知,反而是頗為了解,所以才極力防範。他以傲慢和冷漠的態度對待洋人和西方技術,因為他認為只有鎖國才可延

續大清管治漢人的愚民政策，而現代化卻要冒漢人變得難以管治的風險。

第一次鴉片戰爭後，英國人的船堅炮利打開中國沿海的通商港口，但沒法動搖道光皇帝抗拒開放的決心。清朝歷代皇帝皆以博學勤奮著稱，道光也不例外。他的排外並非來自愚昧和無能。最合乎邏輯的推論，是因為變革會開發民智，而民智一開，清朝的管治勢必不穩。縱觀清末歷史，每次變革都是逼不得已：

第二次鴉片戰爭大敗後，因為要跟外國聯繫，才設立同文館和處理各國事務的衙門。

英法聯軍之役後，意識到國家積弱，才發起洋務運動。

甲午戰爭後，才想到改革制度。

八國聯軍後，才想到全面改革制度。

辛亥革命前，才加速推動君主立憲，但為時已晚。

清廷被動，因為他們是中華民族的少數，整個民族的復興對他們的絕對統治沒有好處。它的改革，往往在兵臨城下、迫於無奈和別無選擇的情況下進行，所以總是拖泥帶水，不痛不癢。

這與今天的中國有雲泥之別。當其他國家還在追逐短期利益，北京已大力發展基建，因為基建是工業的靈魂和產業鏈的血脈。今天的中國「化被動為主動」，積極建設別人看

不見的未來。在新能源、大數據、人工智慧和超級電腦各方面，今日中國皆走在世界的最前線。原因很簡單：今天的中國為整個民族復興而奮鬥，不會瞻前顧後，三心二意。

從今日中國的視角看清末，感受到的不是歷史的屈辱和創傷，而是身為中國人的光榮。這就像搭乘風馳電掣的高鐵，在歷史的長廊中看到中華民族的復興和中國夢成真，怎不令人熱血沸騰？

沒有人可以否認，中國的近代史寫滿被殖民惡勢力羞辱的故事。從歷史的長遠觀點看，這樣的情節轉折（plot twist）確實令人意外。中國發明指南針、火藥、紙張和印刷術，在歐洲仍然相對落後之時已經創造和累積了驚人的財富。可是，接下來卻要承受歷經數個世紀的霸凌、侵略和瓜分。然而，更大的轉折還在後頭：今日中國不但可以決定自己的命運，甚至可以改變世界的命運，這一點連一直以老大哥自居的美國也不得不承認。2022 年 5 月 26 日，美國國務卿布林肯（Antony Blinken）在喬治華盛頓大學發表政策演講，稱中國是「唯一一個國家，既有重塑國際秩序的意圖，又有日益強大的經濟、外交、軍事和技術實力來實現這個目標」（China is the only country with both the intent to reshape the international order and, increasingly, the economic, diplomatic, military and technological power to do it.）。所以，與其為清末的屈辱而悲哀，倒不如為今天和當年的對比而自豪，這就是「復興史觀」的精神所在。

第一章

開放還是不開放

第一次鴉片戰爭與改革開放

軍中吸食鴉片的人很多，當時的軍隊因而被戲稱
為「雙槍軍」。所謂雙槍，一支是打仗用的槍，
另一支是吸鴉片用的槍。

中國選擇擁抱開放和隨之而來的巨大曖昧、不
確定性和前途未卜，結果不僅改變了中國人的命
運，也改寫了中國的歷史。

第一次鴉片戰爭

"To be or not to be, that is the question." 是莎士比亞的名句。"To open or not to open, that is the question."（開放還是不開放，這就是問題所在）卻是理解晚清到今日中國的關鍵。這可以從第一次鴉片戰爭説起。

對華貿易逆差是美國領導人的「心口痛」，但面對今日強大的中國，他們可以做的不外乎是對入口商品徵收額外關税；而非像百多年前的英國那樣揮軍入侵。一言以蔽之，這就是第一次鴉片戰爭（1840–1842）的起源。

從 1752 年到 1800 年，這 48 年間，中國共有 1105 萬銀元流入，但對英國商品的需求卻是零。在工業革命之後，由中國茶、牙買加糖和牛奶混合而成的英式早茶，成為英國人生活不可或缺的必需品。他們眼巴巴看着白銀不斷流失，卻不得不繼續向中國購買茶葉，那該如何是好？

適逢乾隆八十大壽，英國國王喬治三世派特使馬戛爾尼（George Macartney）訪華，借祝壽之名企圖打開與中國通商之門。既是祝壽，禮物當然不能少。馬戛爾尼使團準備了價值一萬六千英鎊的禮品，而當時英國國王一年的收入也不過是三千多英鎊，可見英國對這個「通商」機會何等重視。

清朝當時沒有專門接待外交使團的制度，馬戛爾尼只被

當作貢使看待。使團一行人抵達熱河覲見皇帝，經過六日的禮儀之爭，終有機會向乾隆展示英國想賣給中國的商品，包括最先進的槍支武器。乾隆的態度冷淡，在給喬治三世的信中表示，中國地大物博，甚麼都不缺。

英國人留下這封信，視之為滿清無知的證據。實情是不管是乾隆，還是他的父親雍正抑或爺爺康熙，以至他的太爺爺順治，對歐洲的擴張主義皆有所聞，也知道這些國家有先進的武器和科技。既是如此，為何乾隆不利用通商這個機會，讓滿清的船更堅、炮更利？

在中國封建時代的專制社會中，統治者的利益和百姓的利益往往並非一致。在清朝，身為統治者的滿族只佔少數，被統治的漢人才是大多數。先進的武器一旦落入漢人手中，清朝的統治就會出現危機。然而乾隆明白，倘若滿清在通商一事上毫不妥協，覬覦中國市場的西方國家勢不罷休。故此他在 1757 年下令，允許外國在廣州通商。沒想到這就打開了鴉片輸入中國的「潘朵拉盒子」。

1800 年到 1810 年這十年間，中國有約 2600 萬銀元的淨流入。但自英國開始輸入鴉片後，在 1821 年到 1837 年間，中國有 3600 萬銀元流出。很明顯，鴉片改變了中英的貿易平衡。此時，吸食鴉片的中國人約佔全國人口百分之一。關鍵的是，軍中吸食鴉片的人很多，當時的軍隊因而被

戲稱為「雙槍軍」。所謂雙槍，一支是打仗用的槍，另一支是吸鴉片用的槍。這樣說有點言過其實，當時中國人的吸鴉片率其實並算不高。但鴉片確實有害，讓反對與洋人做生意和打交道的勢力乘勢而起。

反對鴉片的聲音越來越大。1838 年 11 月，主張禁煙的湖廣總督林則徐被召入京。在得到道光臨危受命後，林則徐南下到廣東緝毒。他從吸食毒品的百姓入手，兩三個月內就抓到 1600 多人，收繳十四噸鴉片和四萬三千多支煙槍。當時廣東最大的鴉片販賣商是當地的官員，最大的用家是當地的官兵。但林則徐把矛頭指向壟斷鴉片生意的英國公司，例如渣甸。這直接損害英國政府的利益，也為英國向清政府開戰埋下伏筆。

鴉片戰爭的導火線是一宗發生在尖沙咀的命案，史稱「林維喜事件」。1839 年，幾個英國水手在尖沙咀和村民林維喜大打出手，最後林維喜傷重身亡。英國駐華商務總監義律（Charles Elliott）提出以賠償死者家屬的方式了結此事。他指英國享有領事裁判權，並以英國普通法中的「無罪推定原則」為由，拒絕交出疑兇。最後，幾個涉案的水手在繳付很輕的罰金和接受短期監禁後，就返回英國。

林則徐不愧為中國「開眼看世界的第一人」。他堅持依法辦事，找人翻譯《萬國公法》，查明義律在中國其實並無

「治外法權」。他下令禁止和英國貿易，並驅逐英國人出境。

此時中英關係變得非常緊張，英國國內主戰派和主和派各執一詞。執政黨是自由派的輝格黨（Whig），提倡自由貿易和擴張政策，支持向華開戰。保守派托利黨（Tory）反對，認為向中國發動戰爭違背道德。輝格黨說中國不允許貿易，保守派反指由於鴉片害人，中國政府禁煙合情合理。

在國會投票前，英國的維多利亞女王發表支持輝格黨的演講，冠冕堂皇地說：「我們不是為貿易而戰，而是為大英帝國的尊嚴而戰。」結果，英國國會以 271 票贊成和 262 票反對通過向中國宣戰。保守派領袖格萊斯頓（William Gladstone）有感而發，說了一句流傳後世的話：「如此可恥的戰爭，世上從未有之。」

由此可見，英國的權力中心並非沒有親華派或反戰聲音，只是滿清未能善用，沒有拉攏維多利亞女王最信任的格萊斯頓。清政府把外國人一律視為「夷人」，斷送與他們合作的可能性，戰爭也就無可避免。

在決定開戰後，英國派 40 餘艘戰艦浩浩蕩蕩地前往中國。當時英國船隻已由蒸汽推動，而清軍水師使用的仍是舊式戰船。中國士兵使用的刀矛弓箭，英國人已經沒有沾手 200 多年。清軍使用的鳥槍粗糙而陳舊，有的甚至已經 100 多年沒有更換過。英軍使用的是當時最先進的是貝克式步槍

（Baker rifle）和布倫士威克式步槍（Brunswick rifle），射程和威力都把清軍的槍支完全比下去。

更糟糕的是清政府極其貪腐，軍費中沒有多少真正用於軍備。當然，它也不想讓先進的武器落入漢人手中。比如說明末清初引進的「開花炮彈」，在康熙後只供御林軍使用。清兵亦久疏戰陣，自康熙平三藩和收復雅克薩後再也沒有打過仗。當時清政府約有 90 萬兵力，其中十二萬屬八旗軍，包括滿洲八旗、漢人八旗和蒙古八旗，其餘就是綠營兵。綠營是清朝在統一全國的過程中收編的明軍及漢兵。清軍的人數比英軍多，但在部署和調動上遠不如對方機動靈活。士兵中抽鴉片的為數不少，軍心渙散。

奉命應戰的林則徐在廣州灣嚴陣以待，但英軍繞過廣州，直搗浙江的軍事重鎮定海（現舟山市），並迅速攻破防守。英國士兵上岸後發現，邊防的炮台印有 1601 年製造的字樣，而當時已經是 200 多年後的 1839 年，中國的兵防落後可見一斑。就這樣，定海成為中國近代第一個被西方軍隊佔領的城鎮。

英國攻佔定海後長驅北上，直逼北京的門戶天津。這驚動了道光皇帝，他派直隸總督琦善處理這場前所未有的危機。英國外交大臣巴麥尊（Lord Palmerston）給他寫了封信，說打仗是要討回公道，並要求賠償。這封信被翻譯成中文後

意思出現偏差，道光以為英國人只是想「申焚燒鴉片之冤」，便同意談判，但談判地點要離北京遠一點，着英國軍隊「反棹南還，聽候辦理」。

琦善和義律在廣州談判。英方提出兩大要求：賠償燒毀鴉片的損失共 600 萬銀元及割讓香港。琦善同意賠款，也同意讓英國人在香港建立勢力，但香港的稅收要歸大清所有。

兩國政府對這被稱為《穿鼻草約》的協議都不滿意。清政府沒有自知之明，怎會明白把土地割讓給英國人是為了避免戰火重燃？對剛打勝仗的英國來說，條約根本滿足不了他們的胃口。

英國對廣州發動攻擊，同時撤了義律的職位，改派後來成為首任香港總督的砵甸乍 (Henry Pottinger) 做駐華商務總監。至於琦善，也因為擅自決定割讓香港而被抄家革職。

道光派皇室宗親奕山南下抗敵，並封他為「靖逆將軍」，同時把北方部分兵力調到廣州。奕山統領七省的軍隊抵達廣州，但沒有足夠的地方供大軍駐紮。結果，軍人只好住在民居，發軍餉的時候就出來，要打仗的時候就躲着。士兵是外省人，跟當地人的風俗不同，語言不通，還沒有打英國人，自己人就先打起來。到雙方交戰時，懸殊的實力再次表露無遺。

英國軍隊駕駛的是裝上蒸汽引擎的船艦，中國軍隊使用

的卻是木板船。清軍兵敗如山倒，只得豎白旗投降。投降的結果是被逼簽訂《廣州條約》，以及給英國人 600 萬銀元作「贖城費」。但巴麥尊對《廣州條約》還是不滿意。他說了一句現在看來愚蠢至極的話，「香港只是一個荒蕪的小島，一文不值。」（Hong Kong is a barren rock with nary a house upon it. It will never be a mart for trade.）

廣州淪陷後，英國繼續向北發動侵略。他們一路打到江南，第二次入侵定海。雖有幾萬清軍抵抗幾千英兵，但刀矛弓箭如何能敵過先進槍支？「中方戰死數千，英方戰死數人」的戰役時有發生，那幾個戰死的英兵還是因為自己的槍走火而中槍身亡。

值得玩味的是參與這場戰役的漢人，只有百分之一戰死沙場，而滿人的死亡率卻高達十分之三。這突顯了滿漢之間的矛盾，也反映很多漢人根本不願意為滿清賣命。

英軍佔領鎮江後揮軍南京。當時北方的糧食經由南方運送，南京被佔領後糧食供應被切斷，清朝只得向英國求和，並與之簽訂《南京條約》，將香港割讓。這次割讓跟以往不同，中方再無權徵收香港稅款。英國更迫使中方開放五個通商港口，分別為廣州、廈門、福州、寧波和上海；另「賠償」2100 萬銀元，其中 600 萬是賠償燒毀的鴉片，600 萬是中方扣押的商品總值，還有 900 萬是軍費。

改革開放的成功

　　中國強大了幾百年，卻在鴉片戰爭中一敗塗地。這跟其千百年來的政治制度大有關係。

　　自古以來，中國的政治制度基本上是由政府主導的官僚體制，自上而下的線性關係十分明確。相反，發動鴉片戰爭的英國在當時卻是地球上政治體制最開放的國家。在這個意義上，鴉片戰爭不單是英國侵略中國的戰爭，也是保守對自由、封閉對開放的戰爭。

　　見微知著，從皇帝和大臣的溝通方式中，可見中國的政治制度在歷史上越趨保守。自明太祖朱元璋以來，大臣開始要跪着說話。清朝變本加厲，實施所謂「三跪九叩」之禮，就算身為大學士，也必須跪着與皇帝說話。

　　宋朝之後的權力結構是皇權至上，其次是士族（官），最下層的是百姓。皇權和士族共治天下，而百姓則可通過科舉制度晉身士大夫階層。宋真宗說：「書中自有黃金屋，書中自有顏如玉」。的確，古代的中國是唯一讓百姓可以通過讀書進入權力核心的國家。同期的歐洲是「槍中自有黃金屋，刀中自有顏如玉」。

　　在中國歷史上，宋朝的包容和開放是少有的。正因為開放，它的經濟高速發展，國內生產總值（GDP）佔當時全

球生產總值八成。反觀專制的明朝和清朝，稅收僅及宋朝十分之一。原因很簡單，開放為社會和人民創造更多機會和可能性。

英國和同時期的清朝相比，是一個極度開放的國家，這跟它的皇室和傳統有關。

英國國王亨利八世（Henry VIII）的第一任妻子凱薩琳不能給他生兒子，所以亨利八世就想和她離婚，但天主教的教義明確禁止離婚。亨利八世一怒之下，索性下令英國舉國脫離天主教，轉為奉行英格蘭教會。自此以後，在宗教一事上，英國社會不再是一言堂；而宗教的開放程度對社會和經濟有巨大影響。

十六世紀的英國還發生了兩件大事。第一是 1642 年克倫威爾（Oliver Cromwell）發動內戰推翻查理一世的統治。第二是英國自 1688 年的「光榮革命」（Glorious Revolution）後步荷蘭後塵，把皇室和政府的財政分開管理。自此英國越來越推崇市場自由，以及與此緊密相關的個人權利。開放自由的風氣催生自由思想，當時的英國不僅匯聚全歐洲的科學知識，更善於將科學轉化成技術，例如牛頓的理論、瓦特的蒸汽機和煤炭的提煉方法。法國啟蒙運動的重要人物伏爾泰（Voltaire）甚至搬到英國居住，就是因為英國當年較法國開放。比方說，英國發明家瓦特（James Watt）改良蒸汽機技

術，為工業革命注入新動力。可是在法國，所有科技的創新都要理事會批准。

中國是深受大陸文化影響的農業國家，百姓安土重遷，不輕易離鄉別井。英國不一樣，它的國力建立在海洋文化上。以十六世紀著名的海盜亨利・摩根（Henry Morgan）為例，他雖為海盜，卻被授予爵位。這套重利主義是英國帝國主義的精神支柱。難怪世上這麼多國家，很少沒有被英國侵略過。

西班牙裔美國哲學家桑塔亞那（George Santayana）說過，未能從歷史中汲取教訓的人必會重蹈覆轍（Those who fail to learn from history are condemned to repeat it.）。今日中國強大興盛，因為它能夠以史為鑒，沒有重蹈滿清的閉關自守、視開放如畏途的覆轍。1842 年，中國「被開放」是滿清由盛變衰的轉折點。136 年後中國開始實施開放政策，成為它轉弱為強的關鍵。

中國改革開放取得的巨大成就眾所周知：20 世紀 70 年代，中國還有二億人生活在貧窮線下，老百姓家庭的消費水準是「百元級」的「三轉一響一哢喳」（手錶、縫紉機、自行車、收音機和照相機）。到 80 年代，家庭消費水準升級為「千元級」的「三機一箱」（電視機、手機、錄放機和電冰箱）。到 90 年代，家庭消費水準晉升至「萬元級」的「二電一調」

（電腦、智能電話和空調）。進入 21 世紀，老百姓的消費水準邁向「百萬元級」，以汽車、住房和旅遊佔最大開支。

改革開放 40 多年來，中國國內生產總值年均增長約 9.5%，對外貿易額年均增長 14.5%。中國人民的生活從匱乏變得充裕，由貧窮走向全面小康，提早完成聯合國「千年發展目標」和「可持續發展議程」中對發展中國家消除貧窮人口的要求。

從更宏觀的角度看，今日中國已經成為世界第二大經濟體、第一大工業國、第一大貨物貿易國、第一大外匯儲備國（簡稱「四個大」）。中國是美國的最大債權國，有 220 種產品的產量居世界第一。

如此碩果纍纍，今天實在難以想像，1978 年，鄧小平在第十一屆三中全會提出改革開放政策，是在做一件多麼沒有把握的事情。說它是一場豪賭或華麗的冒險，並非言過其實。當時「姓社」的中國與「姓資」的西方世界不是「君子之交淡如水」，而是形同陌路，近乎不相往來。意識形態的分歧令雙方的關係充滿緊張、猜疑和敵意。在這樣的情況下對外開放，誰敢擔保不會是打開防洪閘門，造成沒頂之災？文化差異理論提到，人類社會感受到的不確定性和模糊情景帶來的威嚇程度各有不同。中國一般被視為「高不確定性規避社會」（high uncertainty-avoidance society），對不

確定、模糊和前途未卜的情景總是敬而遠之，儘量不想置身其中。可是，中國選擇擁抱開放和隨之而來的巨大曖昧、不確定性和前途未卜，結果不僅改變了中國人的命運，也改寫了中國的歷史。

晚清的開放是迫於無奈的妥協，所以與其說是「開放」，倒不如說是「被開放」。乾隆最初開放廣州對外通商，本是緩兵之計。其後戰敗，才不得不多開放四個通商港口。滿清政府的最大考量，不是如何從開放中獲取最大利益，而是怎樣將開放帶來的損害減至最少。這種消極的態度認定開放政策只有百害而無一利，是徹頭徹尾的失敗主義（defeatist）。

新中國推行改革開放政策，卻是百分百出於自願的選擇（voluntary choice）。既是政策，自有其明確的目標（policy objective）。開放改革的三大目標是：從高度集中的計劃經濟體制轉型為充滿生機和活力的社會主義市場經濟；從半封閉社會轉型為全面但有序開放的社會；將人民的生活從溫飽提升至小康水準。

這解釋了開放的必要性：實踐社會主義的中國，若要贏得跟資本主義可以相比的優勢，便要大膽吸收和借鏡世界各國的經營概念和管理方式，尤其是實行資本主義的發達國家。善用國外的資金、資源、技術和人才，以符合商品經濟規律的方式在國際市場上競爭。

以今日的眼光觀之，這當然合情合理，但在當年為何沒有被視為異端邪說？為何當年的中國領導人沒有被「姓社」與「姓資」的抽象爭論束縛思想和手腳？在開放一事上，昔日滿清的畏首畏尾，是怎樣給今日中國的奮勇冒進所取代的？

　　這跟民族自信與政權的合法性大有關係。政權需要有合法性（legitimacy），此乃政治學的基本理論。近代政治哲學的奠基者約翰・洛克（John Locke）認為，政權的合法性代表統治者得到被統治者認可的程度，它回答的關鍵問題是「統治者憑甚麼可以統治被統治者」。

　　中國是多民族國家，境內民族眾多，以人口最多的漢族為主體民族。滿清是少數民族建立的皇朝，滿人在統一的過程中以少馭多、不斷殺戮，南下途中沾染大量漢人的熱血。難怪他們入主中原後，無時無刻都在防範漢人。滿人作為少數民族的統治者，常感自己政權的合法性不足，對漢人的猜疑從未稍減。久而久之，「非我族類，其心必異」成為清朝的用人政策和管治哲學。另一方面，漢人作為主體民族，對滿清政權的合法性從未十足信服。滿清在管治末期取消科舉制，令漢人失去晉身領導層的最重要途徑。

　　滿清評估開放的最大考量，不是開放會為國家帶來甚麼好處，而是開放會為漢人帶來甚麼好處。即使任何可能為國

家帶來的好處，也無法蓋過為漢人帶來的潛在好處。滿人與漢人的利益衝突無法解決，注定開放政策無法有效推行，更難以開花結果。

英國兒童心理學家溫尼科特（Donald Woods Winnicott）認為，對人敞開心扉是一種能力，而這種能力源於自信。中國義無反顧地推行開放政策，展現的正是強大的民族和文化自信。若非對自身制度的優越性和管治的合法性有絕對信心，中國怎會讓人民接觸西方文明和流行文化？又怎會讓經濟體系遭受來自國際市場的衝擊和挑戰？

中國共產黨領導的認受性來自多方面。作為一個建立和執掌政權多年的政黨，中國共產黨當然享有歷史、軍事、憲法與政治體制賦予的無可比擬的「政治合法性」（political legitimacy）。同樣重要的，是共產黨自 1949 年執政以來，為人民提供長治久安、社會秩序、安穩生活、相對公平和持續的經濟增長。這種來自社會各階層的廣泛認受性，政治學者稱之為「績效合法性（performance legitimacy）」。社會主義固然為中國共產黨提供意識形態的合法性（ideological legitimacy），但更關鍵的是，北京多年來在倡廉反貪、維穩、謀取人民利益、構建和諧社會和民族復興所做的工作，予其一種植根於道德權威的合法性（moral legitimacy）。

晚清與中國共產黨在這決定當代中國命運的關鍵抉擇

上取態截然不同。滿清舉棋不定、進退維谷，因為在其眼中，開放是把雙刃劍，可以是自強的工具，但落在蠢蠢欲動的漢人手中，也可以是威脅其統治的一把刀。中國共產黨在政權鞏固和民族和諧的基礎上，從國家整體利益的角度看開放，明白不開放就沒有出路，畏縮不前只會坐失良機。開放不只是為國外的投資者、生產商和品牌的銷售拆牆鬆綁，更重要的是解放人民的思想。沒有思想的大解放，就不會有改革的大突破。只有進一步解放思想，才能破除體制的弊端和釋放社會的生產力。

尤為難得的是中國在開放過程中的堅持。這份堅持，一方面是堅定不移發展開放型經濟體系，不再把自己孤立於世界之外，並在開放中分享機會和利益，實現互利共贏。開放當然會帶來風險和挫折，但中國的領導人明白，不能一遇上風浪就退回港灣，那是永遠不能到達彼岸的。另一方面，這份堅持也是對初心的堅持，毫不動搖地忠於最初選擇的道路。古語有云，治國猶如栽樹，本根不搖則枝葉茂盛。堅持實踐「有中國特色的社會主義」正是開放政策的「本根」。

從組織學習理論（organizational learning theory）的角度而言，滿清與新中國最大的分野在於彼此的學習能力。早在上世紀 70 年代，麻省理工學院教授熊恩（Donald Schon）已提出學習型組織（learning organization）的概念，後來美國

學者彼得・聖吉（Peter Senge）著的《第五項修煉：學習型組織的藝術與實務》（*The Fifth Discipline: The Art and Practice of The Learning Organisation*），則將這個概念轉化為管理學常識。

聖吉認為，在今日的世界，劇變和突變已經成為新秩序的新常態（the new normal）。個人、企業甚至社會要成功，就要致力理解、掌握和適應這些變化。社會要懂得和善於學習，因為在一個全球化的知識型經濟體系中，社會的生產力和競爭力源於它汲取知識、生產知識和處理資訊的能力。

基於種種原因，晚清受嚴重的學習障礙（learning disabilities）所累，未能在開放和被開放，以及與西方社會互動的過程中真正學習。反觀新中國，在沒有成功先例和可參照模式的情況下，摸着石頭就能過河。從農村到城市，沿海到內地，局部到整體，中國的開放改革過程總是「先試驗，後總結，再推廣」的不斷累積。舉個例，當年決定創辦經濟特區，正是把它當作改革開放先行先試的重要平台。所謂「摸着石頭過河」，實際上就是不斷試驗，找出可以成功解決問題或達到目標的規律，然後按照已獲證明有效的規律辦事，並從中深化和擴大實踐。

到今日對外開放已成國策，中國早已過河，但仍然摸着石頭，因為更大的成功永遠在彼岸。

第二章

從故步自封到海闊天空

第二次鴉片戰爭與經濟發展

聯軍攻入北京前直奔圓明園，一名法國軍官踏入
圓明園後讚歎說：「《一千零一夜》的故事不再是
幻想，它就在我們的眼前。」

中國擁有巨大且不斷增長的國內市場，消費者不但較為年輕，更充分掌握數字技術。這意味着中國的數字化企業能夠以較大規模和較快速度，將提供給消費者的服務商品化。

第二次鴉片戰爭

「你可以控制自己的思想，而非外部事件。明乎此，自然會變得強大」，這是在西方影響深遠的斯多葛學派（Stoicism）哲學家馬可・奧理略（Marcus Aurelius）的名言，也是理解今日中國與晚清強弱興衰的關鍵。

西方多國崛起，以貿易之名發動帝國主義侵略，這是被侵略國家沒法控制或改變的事情，即斯多葛學派所指的「超出控制範圍的外部事件」（externals not under control）。可是，對無法控制的事情作出甚麼回應，卻完全在這些國家的控制範圍以內。

第一次鴉片戰爭，英國用不到二萬兵力打敗 20 萬清軍。英方死了 69 人，中方死了三萬人。英國當時的輪船炮彈，比滿清足足先進 200 年。如此一面倒的大潰敗，對大清朝廷有甚麼影響？經此一役，道光皇帝有甚麼反思和領悟？答案是完全沒有。歷史學家嘗試解釋這看似矛盾的現象，往往歸咎於大清的「故步自封」。「故步」即舊時步行之法，引伸為舊法。「封」即限制在一定範圍之內，比喻守着老一套，不思進取。是甚麼令大清在改革的道路上瞻前顧後，舉步維艱？

清朝的管治結構基本上是金字塔式。金字塔的上端是皇

權，由皇帝和皇族掌管國家的最高權力。滿人的地位是在他們之下的中層。再下面的是少數的漢人，通過科舉制度由普通百姓晉身為大臣。他們沒有尊貴的出身，單靠寒窗苦讀可官拜軍機處大臣。換言之，科舉制為大清管治下的漢人提供一定的向上流動機會。

另一方面，在漢人的世界觀中，當時中國是名副其實的世界中心，非我族類就必然是在文化上低於自己的夷狄。漢人被外族打敗在歷史上偶有發生，但在他們眼中，這只是在戰場上失利，無損他們對自己民族和國家的文化優越感。

在滿清的管治下，仍然不乏大力倡議改革的有識之士。徐繼畬是山西人，進士及第，官至福建巡撫。任職期間，福建兩大城市廈門和福州的港口在第一次鴉片戰爭後「被開放」。徐繼畬因而有機會接觸來自美國的商人和傳教士，大大擴闊他的眼界和視野。1849 年，他的著作《瀛環志略》面世，展現出他廣闊的視野和世界觀。

在他的眼中，瑞士是陶淵明筆下桃花源的「現實版」。瑞士吸引他的，不僅是它的地理位置和城市景觀，更重要的是它的政治制度。徐繼畬亦已預見美國的制度有利它在世界建立霸權。今天我們到訪華盛頓紀念碑，還可以看到一篇用中文寫的文章，那是徐繼畬對華盛頓的評論。很可惜，他在中國幾乎沒有知音，反而在日本受到重視。《瀛環志略》

在中國十年的銷量不超過 60 本，但在日本一年就賣了六千本，更成為日本明治維新的重要參考。一個中國人的目光如炬幫助日本人脫胎換骨，滿清的失敗變成日本的成功。

第二次鴉片戰爭（1856–1860）是滿清的奇恥大辱，比第一次鴉片戰爭更甚。1850 年，咸豐登基，馬上要面對內憂外患的雙重危機，難怪他被稱為「苦命皇帝」。

內憂是席捲中國南部的太平天國運動，死了大約七千萬人，而當時中國的人口約四億。外患是第一次鴉片戰爭後，英、法、美、俄繼續在中國擴展勢力。1853 至 1856 年間，英國和法國在克里米亞戰爭（Crimean War）中打敗俄國。這場戰爭對中國影響之深遠不下於戰敗的俄羅斯 —— 俄羅斯自此把她的目光轉移到遠東，開始覬覦中國。

在英、法眼中，第一次鴉片戰爭後的中國還是不夠開放。他們要求清廷開放內城讓外國人居住。這是強清廷所難，因為中國民眾對外國的東西大多排斥，更遑論外國人。

咸豐執政的第六個年頭，清廷與西方的關係開始加速惡化，原因是它在 1844 年與美國簽訂的合約，其中一條條款包藏禍心，讓英國有機可乘。這條條款規定，美國十二年後有權續約。

1843 年英國和中國簽署的《虎門條約》有一條條款名為「利益均沾」。這是甚麼意思？打個比喻，一天有個惡霸硬

要在你家吃飯和睡覺，並說他從此可以「利益均沾」。第二天又來了一個惡霸硬要在你家洗澡，基於「利益均沾」的「原則」，第一個惡霸也有權在你家洗澡。

當時滿清給西方國家欺負得多慘，於此可見一斑。1856年，十四年前與大清簽訂《南京條約》的英國，又來到中國要「均沾利益」。第二次鴉片戰爭由此而起，導火線是「亞羅號事件」。

「亞羅號」（Arrow）是一艘在香港註冊的英國船。廣州的官員認定船上有海盜，遂上船搜查及逮捕疑犯。英國以此為藉口，聲稱清兵扯落懸掛在船上的英國國旗，是對英國的侮辱，並要求釋放被捕的英國人及賠償。英法兩國出兵兩萬攻打廣州城，並抓了兩廣總督葉名琛上船，然後把他帶到印度囚禁。葉名琛面對英軍進攻，堅持「不戰不和不守，不死不降不走」，因而有「六不總督」之稱。

滿清不懂得「以夷制夷」，反而讓英法兩國聯手，是它的失策。《黃埔條約》規定，法國可以在中國沿岸傳教。當時有一法國傳教士在廣西被清朝官員逮捕並處死，法國以此為藉口與英國聯手攻打廣州，觸發第二次鴉片戰爭。

第二次鴉片戰爭其實是個誤稱（misnomer）。第一次鴉片戰爭名實相符，是捍衛英國在中國傾銷鴉片的市場。第二次鴉片戰爭與鴉片無關，這次來自西方的侵略者是要將中國

納入資本主義的世界體系。要達到這個目的，就要與清朝搭建國與國之間的外交通衢，所以必須攻下北京。天津是北京的門戶，因此攻打天津在戰略上實屬必然。

英法聯軍於 1858 年到達天津，憑着船堅炮利很快就攻下大沽口，直入天津。咸豐驚魂甫定，急召桂良與英法兩國議和。按照其後簽訂的《天津條約》，滿清要分別賠償法國和英國白銀 200 萬兩和 400 萬兩，且要在華北和內河開通通商口岸。

俄美兩國是英法背後的支持者，他們口徑一致，要清廷讓他們在北京設立使館。咸豐無奈同意，但其後反悔。英法聯軍於 1859 年再次入侵天津，但這次天助清軍：英法軍艦開到大沽口因潮退擱淺，清軍見機不可失，馬上發炮打沉十艘軍艦，英法聯軍只得退兵。此乃兩次鴉片戰爭中清軍唯一的大勝。然而這場勝仗是禍不是福，捲土重來的英法聯軍豈是不自量力的清兵所能抵禦？

1860 年，英法聯軍又再揮兵入侵，這次很快就攻陷大沽口，僧格林沁退守通州。咸豐派兵部尚書桂良與英國代表額爾金（Elgin）議和。在談判過程中，最大的爭議是關於使節常駐北京的問題，雙方僵持不下。最後談判失敗。咸豐派僧格林沁傳話，吩咐在後期加入談判的「鐵帽子王」載垣綁架英法兩國 39 名談判代表，以為這樣做可以增加談判的勝

算。這是來自文化隔閡的無知：其中一個被綁架的英國談判代表巴夏禮（Harry Smith Parkes）中文了得，咸豐以為他的職位最高，其實只是一名翻譯官。39名談判代表被關押在北京。英法兩國視此為奇恥大辱，其後攻入北京進行搶掠殺戮，就是為了報復。

矢志復仇的英法聯軍打至北京的八里橋，清軍全軍覆沒，死了三萬人，而英法聯軍只死了六人。在大沽口海戰一役大敗英法聯軍的將領僧格林沁敗走，大臣請求咸豐回紫禁城主持大局。但咸豐主持得了大局嗎？他的最大問題是舉棋不定、模棱兩可：要打但沒有意志打下去，想議和但同意了又反悔。實力本已強弱分明，加上領導無方，焉能不敗？

聯軍從東面的安定門進入北京。這很諷刺，因為安定門是歷朝歷代皇帝帶領大軍出征的大門。聯軍攻入北京前直奔圓明園，一名法國軍官踏入圓明園後讚歎說：「《一千零一夜》的故事不再是幻想，它就在我們的眼前。」

這並非言過其實。滿族是「馬背上的名族」，喜歡住在鳥語花香、山明水秀的地方，而圓明園就是如此美景。它本是康熙賜給皇子胤禛的園林。雍正即位後把園林擴建，到乾隆年代，圓明園已兼具多種建築風格：江南的三潭印月、岳陽樓的上下天光、蘇杭景致和神話傳說中的仙山蓬萊。還有歐洲傳教士蔣友仁設計的西洋樓，這個法國人本想在園內擺

放裸女像，但乾隆反對，於是就設計了「十二生肖像」，每兩小時就會有一個生肖像噴水，到正午十二時十二生肖同時噴水，蔚為奇觀。

英法聯軍看得目定口呆，但他們的歎為觀止很快就變成貪婪之念。他們在園內大肆搶掠，甚至打碎花瓶，將碎片用布匹包裹帶走。聯軍找不到咸豐，因為他早已逃到避暑山莊。然而人可以逃，地標卻逃不了。英軍決定把一座北京的標誌性建築付諸一炬。紫禁城燒不得，若燒了紫禁城，等於瓦解清朝的政府組織和關上與它談判的大門。圓明園可以燒，它是可惡的清朝皇家園林，把它燒毀可以一泄他們的心頭之恨。

圓明園的大火持續兩天，住在裏面的 300 位宮女和太監被活活燒死。根據林則徐外甥兼女婿沈葆楨的描述，當時火勢猛烈、濃煙熏天；恭親王奕訢和大臣嚇至嚎啕大哭。患肺結核的咸豐知道此事後吐血暈倒。

清朝與英法議和，簽訂《北京條約》，答應賠償英法兩國各八百萬兩白銀，增加通商口岸至華北內河，予傳教士傳教權，准許外國人進入北京城及割讓九龍半島給英國。俄國以「談判有功」為名拿走中國東北大片土地。英國得到的其他好處包括鴉片合法化。還有一條條款對南方影響深遠，就是准許把中國工人帶至海外，一頁頁的華工血淚史就此展開。

圓明園過百萬件被掠走的文物，成為英法博物館的珍貴館藏。以今日的市值計算，等於流失幾千億財產。然而，「火燒圓明園」對中國造成最大的損失和傷害是無形的，它狠狠打擊中國人的文化自信和民族自尊。「火燒圓明園」成為中國人留下「歷史創傷」的「原初場景」(primal scene)。

當時患肺結核的咸豐與皇后和懿貴妃留在熱河行宮（承德避暑山莊），恭親王奕訢則在北京主持大局。國家有難卻一走了之，咸豐知道自己的政治前途黯淡，經常喝得酩酊大醉並毆打太監和宮女；又大量服用鹿血壯陽，縱欲過度，健康每況愈下。在皇位傳承的問題上他屬意於大兒子載淳，但載淳年幼，需能人輔佐。先帝順治曾在傳位時任命四位「顧命大臣」輔佐康熙，咸豐以史為鑒，任命以宗室肅順為首的「顧命八大臣」，其中還包括肅順的哥哥端華、綁架巴夏禮的載垣和咸豐老師杜受田的兒子杜翰。「顧命四大臣」變「顧命八大臣」，將會帶來更多、更有效的互相制衡，是咸豐的如意算盤。

咸豐也將兩枚要蓋在諭旨的私印 ——「御賞」和「同道堂」分別授予皇后鈕鈷祿氏和兒子載淳。載淳年幼，印章由他的媽媽懿貴妃（後來的慈禧）保管。由於咸豐沒有留下遺詔，這個安排埋下慈禧奪權的伏線。

沒有選擇恭親王做顧命大臣，是咸豐的失算。恭親王是

咸豐同父異母的弟弟，因受排擠一直賦閒在家，卻在英法聯軍攻破天津時臨危受命，留守北京與外敵談判。哥哥死後，他連姪子的顧命大臣也當不上，叫他情何以堪。選擇肅順做顧命大臣，也是咸豐失策。肅順驕橫跋扈，在京城的權力圈中樹敵甚多。他雖為滿人，但瞧不起滿人的無才無用和貪婪，所以只受滿人賄賂，令滿人懷恨在心。他與漢人大臣的關係也不好，因為他羞辱過大儒周祖培。他曾經以高一級的滿人尚書的身份，把漢人尚書周祖培寫的奏章大肆批改，令周氏顏面盡失。

對肅順更不利的是，他與慈安、慈禧兩位太后早有嫌隙。肅順是咸豐在熱河的管家，安排女子侍候君主是他的工作，這當然使他很難得到兩位的好感。當慈禧還是貴妃之時，肅順不但對她出言不遜，更慫恿咸豐仿效漢武帝殺愛妃鈎弋夫人，把強勢的慈禧除去。慈禧知悉後，自此把肅順視作仇人。

無論如何，以肅順為首的八大臣和手握兩枚印章的慈安、慈禧，構成當時滿清兩大勢力，衝突一觸即發。慈禧一開始就施展政治家的韜略，告訴肅順她和慈安只會在自己看過的奏摺上蓋章。此時，周祖培的門生，山東御史董元醇奏請兩宮皇太后垂簾聽政，身處熱河的八大臣看到奏摺後痛斥董元醇，並與慈安、慈禧爭執對罵。怎料八大臣索性不批奏

章，迫使兩宮皇太后不得不讓步，志得意滿的八大臣便安心地準備從熱河返回北京。

攻於心計的慈禧見機不可失，便告訴肅順要與小皇帝先行回京，否則若與先帝咸豐的棺槨同行，一天一拜會拖垮小皇帝的身子。肅順答應慈禧的請求，讓兩位顧命大臣端華和載垣陪同他們先回，自己帶着棺槨後到。

這是「一子錯，滿盤皆落索」。兩宮皇太后返回由恭親王奕訢控制的北京，旋即在養心殿召見周祖培等大臣，向他們訴苦，並指八大臣「脅迫」她們做偽詔。當端華和載垣踏入養心殿時，殿內已在宣讀討伐肅順的詔書。在掌握軍權的京師皇族面前，他們不敢造次，之後更被扣押，返京途中的肅順也被抓。端華和載垣二人是鐵帽子王，只賜自殺，肅順則被判砍頭。跋扈到底的肅順因死前還在破口大罵而被割了舌頭，還因不肯下跪而被打斷了腿。這場北京事變改寫了清朝權力的格局。從此兩宮皇太后和以恭親王奕訢為首的近支皇族掌攬大權。奕訢擔任議政王，掌管軍機處及總理衙門。慈禧亦步入權力中心，成為平衡各方勢力的關鍵人物。

從 1842 年第一次鴉片戰爭結束到 1856 年第二次鴉片戰爭爆發，滿清不但在國力上毫無寸進，在思想上也沒有做好改弦更張的準備。第一次鴉片戰爭的慘敗沒有令晚清痛定思痛着手改革，反之日本不單從中國的失敗中看到改革的必

要，更從中國對西方的理解中找到改革的靈感甚至藍圖。結果，故步自封的清朝日暮途窮，維新變革的日本如日中天，後來不但打敗中國，更打敗俄羅斯。

這是歷史的反諷。百多年後移動互聯網（mobile internet）、移動電話、數據挖掘（data mining）、手機應用軟件和社交網站興起，令第三次工業革命向前跨進一大步。中國與日本對這巨大「外部事件」的反應迥異，結果前者在今天日益強大，後者卻停滯不前。

中國的數字經濟

早在上世紀 70 年代，日本已晉身已發展國家行列，成為製造高品質與高價位產品的代表（以豐田汽車的 Corolla 和索尼公司的 Walkman 為代表），亦一度是世界第二大經濟體。然而 1990 年開始，日本股市崩潰，接着是至今超過 30 年的經濟不景和停滯不前。這 30 年來，全球發生翻天覆地的變化：移動互聯網、移動通訊、社交媒體和數字經濟的興起徹底改變現代人的生活方式。用劇作家蕭伯納（George Bernard Shaw）的話來說，日本在當中扮演的角色是「看着事情發生的旁觀者」(the one who watched what happened.)，而非「成事之人」(the one who made things happen.)。

著名的管理學書籍《追求卓越：探索成功企業的特質》(*In Search of Excellence: Lessons from America's Best-Run Companies*)，提到一項成功企業的特質，是「敏於行動」(a bias for action)：即坐言起行，有強大的行動力，而非只懂得做分折、提問題和寫報告。數字革命是一次重大的範式轉移（paradigm shift），日本坐失良機，由贏家變成輸家，因為它「怯於行動」(a bias for inaction)，未能對瞬息萬變、科技驅動（technology-driven）的新經濟模式作出有效回應。

從這個角度看，日本缺乏的是一種自我革新能力 (capacity

for self-renewal）。經濟學家熊彼得（Joseph Schumpeter）認為，資本主義所以成功，在於不僅懂得立新，也懂得破舊。在他的眼中，資本主義的發展史，就是新生產技術取代舊生產技術、新產品取代舊產品，以及成功企業取代失敗企業的過程。沒有這種「創造性的破壞」（creative destruction），資本主義就會失去創新的趨勢與不斷進取求變的精神。日本的自我革新能力不足，智慧型手機、網上購物、手機遊戲、社交媒體和串流（streaming）等新產品對其經濟帶來的「破壞性轉向」（destructive turn），不是去蕪存菁，而是連根拔起。

這也許跟日本骨子裏的自戀和排外主義有關。日本至今堅持血統主義（jus sanguinis，又稱屬人主義），公民身份只給予跟日本有血緣關係的人。這意味着它的人才庫和人力資源不會從新移民身上得到足夠補充。

同為改革，為何明治維新取得巨大成功，而洋務運動一敗塗地，是學者經常探討的課題。然而這畢竟是歷史。更值得探討的，是中日兩國面對科網大潮迥異的反應和取態，以及兩者成敗的分野。以今日的眼光觀之，中國在 2010年超越日本成為全球第二大經濟體，只是中國超越日本的起點。

根據麥肯錫全球研究院的研究，到 2025 年為止，中國經濟增量將會有一半來自創新。

中國的數字經濟已經實現了長足發展。目前，中國擁有全球最大的電子商務市場。中國的雲端服務供應商在運算速度保持世界紀錄。全球「獨角獸」企業中，約有三分之一在中國。中國對於虛擬現實、自動駕駛、3D 列印、工業機器人、無人機、人工智能等下一代科技的風險投資位列全球前三。尤其在人工智能投資方面，中國位列世界第二，而且增長速度很快。據估計，自動化帶來的生產效率提升，未來將每年給中國經濟增速貢獻 1.4 個百分點。

中國擁有巨大且不斷增長的國內市場，消費者不但較為年輕，更充分掌握數字技術。這意味着中國的數字化企業能夠以較大規模和較快速度，將提供給消費者的服務商品化。在 2016 年，中國有 7.31 億互聯網用戶，這個數字超過歐盟和美國網民的總和。

中國今天數字經濟領域的活力遠遠不止來自百度、阿里巴巴和騰訊這些家喻戶曉的大企業。這些從上一輪中國數字經濟發展大潮中脫穎而出的互聯網巨頭，正廣泛投資新一代數字經濟的參與者。

中國有望從全球數據流動中獲利。當前，全球跨境寬帶數據總量已是 2005 年的 45 倍，預計未來五年將進一步增長數倍。中國擁有 7.31 億網絡用戶，每天 50 億次百度搜索點擊，每個微信用戶每天平均使用 66 分鐘，每天 1.75 億次支

付寶交易，這些海量數據使中國經濟有望在下一輪數據全球化中扮演領導角色。國際經驗表明，數據與知識的流動將推動有效創新。

簡言之，中國已經將自己打造成由消費驅動的數字經濟領袖。各行業對數字化技術的廣泛利用將進一步提升生產率，推動下一輪的數字化轉型。中國企業擁抱數字化的趨勢比任何國家都更明顯，成功擁抱數字化技術的中國企業將在未來迎來更多機遇。展望未來，一場數字革命將進一步推動中國的發展。

從沉醉於昔日光輝的滿清，到今日擁抱未來的中國，是史上最令人歎為觀止的飛躍進步（quantum leap）。這可歸功於今日中國政府的兩大特質——開放態度與長遠思維（long-termism）。

中國政府對待數字經濟的開放態度促進了數字化的發展。在早期，中國政府鼓勵數字化企業創新發展，為它們提供充分的試驗空間。如今，中國政府更專注保護消費者的權益和知識產權，同時也更注重促進競爭，以確保大型企業不會損害市場環境。與此同時，中國政府也是數字技術的投資者和消費者。中國政府致力發展量子通信。該技術一旦商業化，有望提供全球最安全、最快捷的網絡服務。

更難能可貴的是，今日中國能夠超越狹隘的短期利益考

慮，對國家的未來作長遠的投資和規劃。這是非常困難的事情。早在上世紀 20 年代，英國經濟學家庇古（A. C. Pigou）已指出，人類的短視和短期思維（short-termism）來自他們「有缺陷的遠視能力」（faulty telescopic faculty）。麻省理工學院教授卡塔拉曼（Bina Venkataraman）在《樂觀者的遠見：在莽撞決斷的時代，我們如何克服短視，超前思考？》（*The Optimist's Telescope: Thinking Ahead in a Reckless Age*）一書亦提醒我們，「未來」只是存在於腦海的觀念，無法用五官感受。相比之下，對今天的渴求與眼前的需要卻非常具體而真實。

在很多有識之士的眼中，短期主義並非貶義詞。經濟學家凱恩斯（John Maynard Keynes）便說過，不要以為時間可以解決複雜的問題，因為「長遠而言，人必作古」（In the long run, we are all dead.）。今日中國的信念卻是，「長遠而言，我們的生活將更美好」（In the long run, we are all better off.）。這不是盲目的樂觀，今日中國如何以戰略思維策劃未來，從以下兩方面可見。

首先，北京有意將經濟的發展重心從消費科技（Consumer Technology）轉向深度科技（Deep Technology）和工業科技（Industrial Technology），故近年擴大對機械、精密加工以及半導體等產業的支持。這類產業需要大量優秀的科研人才，

但它不是生產手機遊戲與網絡營銷一類賺快錢的商業模式（business model）。所以中國政府致力提振製造文化和創造條件，鼓勵更多聰明的腦袋投身「十年磨一劍」的高技術製造業（hi-tech manufacturing）。

這可以稱之為具中國特色的德國模式。北京清華大學中國經濟思想與實踐研究院院長李稻葵與國際管理諮詢公司羅蘭・貝格（Roland Berger）合著的《中國經濟的未來之路：德國模式的中國借鑒》指出：「強大的高技術製造業能力、一流的產品與服務的出口導向、關注利益相關方的企業治理、重視中小企業發展、受過良好教育的勞動力、發達的基礎設施以及全面的結構改革，這就是挺過金融危機仍能強勁增長的德國，為全球經濟作出貢獻的德國模式」。

扶植盈利能力高的大型企業固然重要，但也不能忽視中小型企業。這是中國領導人的先見之明。中國近年力推「小巨人」或「隱形冠軍」（hidden champion），意即在各自領域做出優質產品的中小企業。習近平主席欽點成立的北京證券交易所，它主要工作就是幫助中小企業融資。

從深圳的發展可以看到中國製造業發展的趨勢。短短42年間，深圳從珠江三角洲的一片沼澤之地蛻變為科技製造重鎮。在 2019 年，深圳全市有逾 20 萬間不同類型的科技企業，其中國家級高新技術企業總量超過 1.7 萬間，僅次於北

京。高科技產業已成深圳的經濟支柱。在此設立總部的科技企業，除了騰訊、華為、大疆創新（DJI）、華大基因和比亞迪等廣為人知的企業外，不容忽視的是更有多家迅速冒起、從事高技術生產的「隱形冠軍」，比如連續九年佔全球無線設備市場最大市場佔有率（market share）的普聯技術，以及在太赫茲領域（Tera Hertz，THz，波動頻率單位）全球領先的華訊方舟。

中國比其他國家更明白太空蘊藏巨大財富，因此在太空資源開放（space mining）方面快人一步、搶佔先機。這並非科幻小說裏的狂野想像，而是高瞻遠矚的戰略思維。眾所周知，地球上稀土、鈷、鎢和鋰等礦物的供應越來越少。證券公司和投資銀行美林集團（Merrill Lynch）估計，今後 30 年，太空產業，包括地球外採礦，將達 2.7 兆美元的規模。

中國的太空採礦業早已蓄勢待發。比方說，中國航天科技集團公司屬下的航天技術動力研究院已成功測試迄今世界推力最大的固體火箭發動機。500 噸的推力足以帶動中國重型火箭的下一次反覆運算，並能夠滿足載人登月、深空探測和地球外資源開採等各種需求。

再舉一例，2021 年 4 月，深圳起源太空科技有限公司研發的 NEO-01，是首個專門用作獲取太空資源的商業航天器。這標誌着中國的民營衛星發展，已進入新紀元。

第三章

由亂轉治 由治及興

太平天國與社會穩定

太平天國所到之處，必毀孔孟廟宇和焚聖賢書。
對理學大師曾國藩來說，這是不可寬恕的大罪。

歷史一次又一次告訴我們，捱餓和失業的人民是
政權的天敵與社會穩定的最大威脅。要維穩，就
要處理好人民的就業和溫飽問題。

太平天國

中國的幅員遼闊，人口海量，即使在國泰民安的日子，中央對地方行使的權力也非全面。地方一旦發生動亂，就很容易失控和擴散，後果不堪設想。是故中國不能亂，亂起來會造成甚麼災難，太平天國（1850-1864）是最好的例子。

「太平天國之亂」造成的人命損失驚人，甚至多於第一次世界大戰。據統計，死亡人數高達七千萬至一億一千萬，約佔當時中國人口的四分之一。自稱太平天國，帶給人民的卻是戰爭的地獄。說它是一場滅門之禍、沒頂之災，並不為過。

沒有鴉片戰爭，就沒有太平天國。1842年簽訂《南京條約》後開始「五口通商」，五口即廈門、福州、寧波、上海和廣州。這意味着大批年富力強的年輕人失去工作，因為港口通商後，就再也沒有人需要把絲綢從江南運到廣州，或將茶葉從福建運到廣州。此外，鴉片貿易和洋貨的大量進口，加上鴉片戰爭的賠款，造成大量銀元流出中國。農民當時賺的多是銅錢，然後再將銅錢兌換成銀元交稅。白銀流失導致白銀價格暴漲和銅錢貶值，對農民來說等同加稅，令他們百上加斤。民怨沸騰滋生的反政府情緒導致反清秘密組織在廣州一帶興起。三合會、哥老會和天地會等地下組織紛紛出現，為太平天國的壯大提供有利條件。

民不聊生的另一原因是人口激增。從 1700 年到 1800 年期間，中國的人口從一億增加到三億，到 1850 年更達四億。人口增長主要原因是粟米和番薯的傳入，糧食的增加代表可以養活更多人。雍正皇帝把「人頭稅」併入田賦，變相鼓勵人民生育。

太平天國的領袖洪秀全是客家人，家裏很窮。他雖天資聰敏，家人亦寄予厚望，但他卻一次又一次的名落孫山。他第一次接觸基督教，是在失意中閱讀從中國人角度介紹基督教的《勸世良言》。當時他只是翻了一翻，就扔在家裏。第三次考科舉失敗之後，他就開始發病。根據太平天國的正史記載，他病發時夢見一個貌似太上老君的老翁，老翁說自己是上帝，有一個大兒子叫耶穌，二兒子就是洪秀全。然後他給洪秀全一把寶劍，吩咐他到處去斬妖除魔。

洪秀全醒來之後，對這個夢並無特別深刻印象。之後他再考科舉，到三十多歲都還沒考上。一天，有個親戚到他家看到《勸世良言》，告訴他這本書挺有趣。洪秀全一看，恍然大悟地說：「啊！這不就是我夢裏見到的嗎！」神就是上帝耶和華，當時的翻譯是耶火華，洪秀全的別名是洪火秀。舊約提及洪水，他也覺得和自己有關。

洪秀全有一遠房親戚馮雲山，沒有考取功名，但文化水準和組織能力不錯，還懂得看相。他認為洪秀全有帝王之

相，決定把他自稱是上帝二子的事宣揚開去。他很快便在廣西客家人聚集的紫荊山成立一個有幾千會眾的「拜上帝會」。後來馮雲山被清廷逮捕，把他救出來的是一個叫楊秀清的煤炭工頭。此人很狡猾，往往在關鍵時刻說自己被上帝附身，他說的話就是神的旨意。

拜上帝會日益壯大，其後陸續加入的關鍵人物有曾隨洪秀全研讀四書的李秀成、小地主韋昌輝、邪教小頭目蕭朝貴和武舉人石達開。

太平天國的「太平」跟基督教沒有關係。在中國歷史上，農民起義往往打着「太平」的旗號。1850 年末至 1851 年初，洪秀全等人在廣西金田村組織團營，發動對清廷的武力對抗，史稱「金田起義」。清朝的八旗兵節節敗退，義軍很快攻佔廣西永安州，建國號「太平天國」。

洪秀全自封天王並冊封東南西北王，分別為東王楊秀清，西王蕭朝貴，南王馮雲山及北王韋昌輝。另冊封翼王石達開。太平天國從金田打到武昌，所向披靡，攻佔南京後改名號為「天京」。

太平天國奉行的制度名為「天朝田畝制度」，規定個人不能擁有資產，所有資產都要上繳聖庫，然後再分配給子民。原意是有飯同吃，有衣同穿，有田同耕。它的刑罰嚴厲，規定男女必須分居，女人若因與人苟合懷孕，會遭剖腹。其

他的酷刑包括把人裹成一團燒死的「點天燈」和五馬分屍。太平天國沒有監獄，因為最低的刑罰就是砍頭。

子民要循規蹈矩、步步為營，天王卻窮奢極侈，縱情聲色，還說是「上帝的安排」。洪秀全在永安州稱帝時已有 36 個娘娘，到天京後就有 88 個。這連他要推翻的清朝皇帝也望塵莫及。清朝史上嬪妃最多的是乾隆皇帝，也只有 56 個。他還活到 89 歲，做了 60 多年皇帝和太上皇。據說好色的咸豐，也只有十幾個嬪妃。

上行下效，手下管理 25 人的兩司馬在太平天國雖只屬低級官員，但也要坐四人大轎。清朝皇帝平時只是坐 16 人大轎。洪秀全身為天王，每次出門都坐 64 人大轎，他的牀有 500 呎，還有流水環繞，冬天用熱水，夏天用冷水。不過手握大權的是楊秀清。楊秀清以上帝自居，每次跟他有意見分歧就以「上帝附身」一招逼洪秀全服從。

清朝的正規軍主要有兩支力量，一是八旗兵，分滿八旗、漢八旗和蒙古八旗；一是世襲的綠營兵，基本上是明朝降兵的後裔，有 60 多萬，將領全是滿洲貴族。

這兩支大軍的戰鬥力本來就不強，更何況太平天國的領軍楊秀清能征慣戰。他先派韋昌輝、秦日綱和石達開把江南江北兩大營的清軍殲滅，再把包圍天京的湘軍困在江西九江。天京之圍後，楊秀清要求更多權力。洪秀全擔心早晚

會被他取而代之，就給北王韋昌輝密詔，讓他擒王。韋昌輝就在當晚闖進東王府殺了楊秀清。更出人意表的是，在洪秀全的授意下，翼王石達開攻進天京殺了韋昌輝。史稱「天京事變」。

解除了東王和北王的威脅，權慾熏心的洪秀全怕會出現第三個楊秀清或第二個韋昌輝，就用盡方法要制衡石達開。他把兩個目不識丁的哥哥安插在政府監視石達開，又提拔李秀成做忠王。石達開不甘受辱，帶着 20 幾萬精銳部隊在 1857 年離開。

「天京事變」是太平天國由盛轉衰的轉捩點。最厲害的楊秀清死了，韋昌輝死了，連最得人心的石達開也走了。此後太平天國不再戰無不勝。虔誠的子民親眼目睹上帝的二兒子要殺自稱上帝附體的人，太平天國神話的泡沫一下子破滅。石達開出走後到過浙江、福建和廣西。1863 年，也就是太平天國被剿滅的前一年，他在四川被抓獲，最後被凌遲處死。

予太平天國致命一擊的是曾國藩領導的湘軍。曾國藩是湖南人，跟洪秀全一樣在科舉試多次落第。但他比洪秀全更有毅力，終晉身為秀才和進士，踏上仕途到北京做官。他的老師是道光的寵臣穆彰阿，在他的提攜下，曾國藩 30 多歲就官至侍郎。

太平天國攻打湖南之際，曾國藩剛巧在老家守孝，於是

馬上開始訓練湘軍。湘軍起初叫「團練」，即大臣在自己家鄉組織的私家軍或民兵。曾國藩不按常理出牌，旗下的將軍不需懂箭術或武術，但一定要是文人出身，懂孔孟之道。這是有原因的。

太平天國所到之處，必毀孔孟廟宇和焚聖賢書。對理學大師曾國藩來說，這是不可寬恕的大罪，湘軍就是維護傳統文化的正義之師。湘軍以團結和凝聚力強見稱，它由樸實的農民組成，同屬一營的士兵往往有親戚關係。然而湘軍的組織過程並不順利。打仗最重要的是錢，但曾國藩只是包辦團練的欽差大臣，既非省長或巡撫，更不是總督，所以拿不到稅收做軍費。

幸而曾國藩是有真本領的人。他指揮的湘軍在一年內就從太平軍手中奪回戰略重鎮武昌。咸豐本來要給他做湖北巡撫，但在一片反對聲浪中收回成命。一個漢官在自己的家鄉辦團練，靠一兩萬民兵就從叛軍手裏奪回武昌，令滿洲的綠營兵大軍面目無光，當然招人妒忌和猜疑。曾國藩在咸豐生前一直得不到他的信任，不管在湖南還是江西都要寄人籬下，在江西更幾乎被石達開所殺。

最後還是清軍的無能成就了曾國藩。清朝趁太平天國內閧之際派軍攻打天京，但被剛封為忠王的李秀成圍魏救趙。李秀成不打江南江北大營，反而攻打兩大營的糧倉杭州。清

軍陣腳大亂，李秀成趁機把兩大營先後剿滅。至此咸豐知道再依靠不了綠營，只得再次重用曾國藩。曾國藩獲任命為兩江總督，管轄江蘇、安徽和江西的軍民政務。

時為 1860 年，也是清朝跟英法簽訂《北京條約》的一年。英國和法國最初對太平天國持中立態度。太平天國稱英國和法國為洋兄弟，因為大家都信奉上帝。甚至有基督徒在英國舉辦了捐物大會，把籌得的四萬多英鎊印刷新約聖經送給太平天國。但這「主內弟兄」的關係並不持久。外國傳教士到天京，問太平天國的人聖靈是甚麼？他們答道，聖靈就是東王楊秀清。他們對基督教教義和聖經的無知，就這樣讓人一覽無遺。

更關鍵的是利益衝突。滿清於 1858 和 1860 年先後簽訂《天津條約》和《北京條約》，將內河長江流域一帶的利益給予英法兩國。問題是當時長江已落入太平天國手裏，太平天國卻嚴禁鴉片，直接損害英法利益。1858 年英國和太平軍開始在戰場上交鋒，也就無可避免。

1861 年咸豐駕崩，慈禧和恭親王執政，形勢開始逆轉。他們既重用曾國藩，也懂得借西洋之力打太平天國。恭親王親眼目睹英法揮軍進京，但簽訂條約後就鳴金收兵。他明白，英法等國只是手足之患，心腹之患是太平天國。

太平天國當時的戰略目標是上海。李秀成相信，只有攻佔上海才可取得造船技術，然後才能乘船往上游打湘軍。上海當時已開埠 20 年，乃洋人的利之所在，由外國人僱用的洋槍隊保衛。李秀成給英國和法國寫信，說只要他們舉起黃旗就不會受到攻擊。

曾國藩本想派弟弟曾國荃往上海迎戰，但當時太平天國的敗象已呈，曾國荃不想去，他想去打南京拿頭功。最後去上海的是曾國藩的門生李鴻章，李鴻章在他的老家安徽以湘軍為藍圖創建淮軍，深受曾國藩賞識。

李鴻章帶領淮軍坐英國軍艦越過太平軍的防線到達上海。英法聯軍看到寫在淮軍士兵制服的那個「勇」字像靶子一樣，不禁失笑。李鴻章看到的，卻是英法軍隊的船堅炮利和高超的西洋技術。自此，以英兵為骨幹的常勝軍成為淮軍的學習對象。常勝軍與淮軍聯手保護上海，擊退太平軍。

上海一役後，李鴻章轉攻蘇州，攻陷蘇州之後再攻天京。李秀成率領幾十萬大軍到天京護駕，抵埗後吃光當地的糧食，就跟洪秀全說要帶他突圍。只是當時洪秀全已經瘋了，城內糧食不足，洪秀全以雜草與觀音土混成的甜露充飢，最後在天京病死。

洪秀全死後，李秀成帶着洪秀全的 14 歲兒子突圍。湘軍入城後燒了整個天王府，把洪秀全屍體剁成多段。李秀成逃走的時候被農民認出，他們瓜分了他的財物，然後把他交給清軍。清軍關了李秀成幾天，最後交給曾國藩在南京處決。至此曾令滿清聞風喪膽的太平天國終於土崩瓦解。

現代中國的社會穩定

國力疲弱最明顯的表現是經濟，經濟低迷會引起社會動亂。清政府因無法改變現況，使太平天國成為人民的新希望。但藥石亂投也不能解決問題，反而引起另一個更嚴重的問題 —— 亂。

沒有甚麼比發生大規模的社會動亂更能證明當權者的政策、失效和管治失敗。從這個角度看，太平天國之亂是一面照妖鏡，折射出滿清管治的千瘡百孔。「亂」是會意字，從字形看，左側上部的「爪」和下部的「又」都代表手，中部形似理髮的工具，還套着一束絲。整體來看就是一對手在梳理亂絲，故「理絲」和「將亂絲理順」是「亂」的本義，從而引申出「治」和「理」的含義。現代中國為了避免「亂」，首要保障人民的就業與溫飽，政策都着重使人民安居樂業，達至「共同富裕」，維持社會穩定。

1949 年 10 月 1 日，最高領導人毛澤東在北京天安門廣場的城樓上，對羣眾宣佈中華人民共和國中央人民政府成立。立國以來，從大躍進到文化大革命，中共在管治上遭遇很多大大小小的挑戰。但是，這個全世界僅存的共產黨大國，不但存續下來，國力還與日俱增，它究竟做對了甚麼？今日中國如何「將亂絲理順」？

「太多要養活的人，太少可以養活人的工作」，簡言之，

就是太平天國崛起的根本原因。作為全球人口最多的國家之一，亂的種子老早埋在土地，沒有發芽卻跟政府的人口和就業政策大有關係。中國有嚴格的生育政策，西方傳媒常常用此做批評北京的口實。這不是沒有常識就是心懷不軌。中國的人口基數大，對政府來說，是嚴峻的管治挑戰。長期以來，中國政府採取一系列規定和措施，包括生育政策、婚姻政策和人口遷移政策，確保人口的發展有序及符合國家的長遠整體利益。

制定符合中國國情的人口政策並非易事，除了要在人口增長與經濟發展和資源開發之間取得協調，還要兼顧人民的意願和民族的習俗。中國人口政策的成功，在於能夠同時控制人口數量和提高人口素質。早在 1982 年，實行計劃生育已是基本國策，其後更把計劃生育納入憲法和婚姻法，使其對公民具約束力。然而制定人口政策既是科學也是藝術，需要鬆弛有度。一味限制生育會削弱國家的勞動力和加速人口老化，威脅國家幾十年來用於擺脫貧困的產業政策。政府在2016 年已推出允許夫婦生兩個孩子的「二孩政策」；去年更批准所有夫婦生育三個孩子，以提高出生率。

歷史一次又一次告訴我們，捱餓和失業的人民是政權的天敵與社會穩定的最大威脅。要維穩，就要處理好人民的就業和溫飽問題。據官方發佈，至 2019 年年底，中國的就業人口達七億七千萬人，較 2010 年的就業人口增加 2300 萬

人；而 2010 年的就業人口總量，則比前一個十年增加 4700
萬人。可見中國人的就業機會處於長期上升的軌道，今日在
中國，成年人只要願意，不管是男性還是女性，身處城市還
是鄉村，絕大多數可以找到工作養活自己和養活家人。

這不是偶然，而是政策的成效和政府努力的成果。今日
中國的領導視就業為最大的民生議題，以及經濟發展最基本
的支撐；故千方百計擴大就業容量和提升就業質量，並着力
緩解結構性就業矛盾及減低大規模的失業風險。國務院印發
給各省、各自治區、各直轄市人民政府和各直屬機構的《就
業促進規劃》，其主要目標是深入實施就業優先戰略、建立
有利於帶動更充分、更高質量就業的機制、完善政策體系、
加強職業培訓服務和保障工人的權益。

然而政府在大力調控的同時仍然堅持市場主導。在配
置勞動力方面，發揮決定性作用的還是市場。換言之，市場
決定就業的大方向。政府的角色是推動市場與政府更好地結
合、破除制約就業的結構性障礙及整合各類資源，為促進就
業提供有力的政策支援和基礎性的服務保障。

製造業、服務業和農業是中國經濟的三大支柱，政府因
而制定相應的就業政策。製造業素有「賺錢難」、「融資難」
及「招工難」的問題，故有關當局致力引導金融機構擴大製
造業中長期融資，提升製造業的盈利能力及從業人員的收入
水準，以增強行業的就業吸引力。在支援服務業方面，政策

聚焦於幫助產業轉型和升級，構建優質高效、結構優化和競爭力強的服務產業新體系，目的是為勞動者就業提供更大空間和更多選擇。

今日中國的產業結構以服務業為中心，包括農業在內的第一產業在 2020 年僅佔勞動人口比例的 12%。可是，政府沒有忽略農民的就業問題。政策旨在擴展農業的就業空間、建設現代農業園、農業現代化示範區和打造農業全產業鏈，以吸納和帶動更多就業。

今日中國正高速從實體經濟邁向數字經濟，就業政策的重點是促進數字經濟領域的創業和就業。政府的規劃是加快發展數字經濟、推動數字經濟和實體深度融合，以及催生更多新產業和新商業模式，以培育多元化、多層次的就業需求。推動數字經濟的關鍵字是「雙創」——創新和創業。政府的任務是激發市場活力和社會創造力，以營造有利於創新和創業的大環境。

社會學家發現，叫人鋌而走險、踏上叛亂不歸路的往往不是絕對的匱乏和剝削（absolute deprivation），而是相比下的匱乏和剝削（relative deprivation）。所謂「不患寡而患不均」就是這個道理。社交媒體興起之前，電視被稱為「動亂盒子」（riot box），因為它給有錢人一個炫財耀富的平台，令其他人產生妒忌甚至仇富的心理。今天社交媒體大行其道，炫財耀富更容易也更普遍。影響所及，越來越多人覺得自己「比別

人貧窮、匱乏和被剝削」(relatively deprived)。

在《社會不平等：為何國家越富裕，社會問題越多？》
(*The Spirit Level: Why Greater Equality Makes Societies Stronger*)
一書，英國學者威爾金森（Richard Wilkinson）和皮克特（Kate
Pickett）指出，貧富懸殊侵蝕市民之間及對政府的信任，對
社會的團結造成難以想像的破壞。在貧者越貧、富者越富
的社會，富者不擇手段和自戀成狂，貧者憤世嫉俗和仇富多
疑。久而久之，社會的凝聚力（cohesiveness）逐漸被它的分
裂力量（divisiveness）壓倒，終至紛爭不休，騷動不止。

這就是今日中國領導人的高瞻遠矚。過去的快速經濟
發展讓中國大部分人擺脫貧困，但貧富差距依然嚴重。新冠
疫情的出現更拉大了這種差距。疫情幾乎沒有影響中國上
層階級的收入，但下層階級的工資卻停滯不前，甚至下降。
儘管中國人的生活水準已大幅提高，但衡量貧富差距的堅尼
系數近年仍在 0.46 到 0.47 間徘徊。根據中國經濟學家的研
究，中國高低收入比的均值為 10.64，處於在世界中等至偏
高水準。

國家主席習近平在 2021 年提出「共同富裕」，聲言要加
強對高收入的規範和調節、依法保護合法收入和合理調節過
高收入。防止資本無序擴張、反壟斷等議題成為政府應對經
濟問題的重點。監管之手從互聯網企業伸向到其他行業。網
約車巨頭滴滴出行、食品外賣平台美團，以及教育培訓公司

新東方遭到整頓。大型民營企業在收到如此明確的資訊後，紛紛響應支持，有的宣佈斥巨資組建「共同富裕專項計劃」，亦有的承諾將未來的潛在利潤投入農業發展或慈善事業。

其實「共同富裕」是今日中國發展社會主義市場經濟的根本和長遠目標，冀為全體社會成員帶來幸福、寬裕和美好的精神和物質生活。前領導人鄧小平指出，社會主義的目的是要全國人民共同富裕，而非兩極分化。中國作為世界人口第一大國，若走資本主義的道路，只有極少數人會富裕起來。是故，他提倡一部分有條件的地區和一部分人先富起來，由他們帶動其他地區和人民，最終實現共同富裕。他說：「農村、城市都要允許一部分人先富起來。勤勞致富是正當的。」這就是著名的「先富論」，先富帶動後富，逐步走向共同富裕。在這個從先富到後富，再到共富的過程，應採取社會主義的措施，防止社會出現貧富懸殊的兩極化發展。

這是中國領導人實事求是的智慧。共同富裕並非「同步富裕」，它是分階段的，可以用市場機制作調節工具。同步富裕試圖透過平均分配，一下子消除社會成員在生活上的差距。這在現實中並不可行，所謂「同步富裕」，實際上是「共同落後」和「共同貧窮」。

今日的中國高速發展，在市場經濟的制度下少數人累積了無法想像的巨大財富，但整體而言，國家正朝共同富裕的目標邁進。按習近平主席的闡述，共同富裕是社會主義的本

質要求，也是中國式現代化的重要特徵。共同富裕既不是少數人的富裕，也不是整齊劃一的平均主義。共同富裕不能一蹴而就，因此需要訂立階段性目標。到 2035 年，中國全體人民共同富裕將取得更為明顯的實質性進展。到本世紀中葉，居民收入和實際消費水準的差距將縮小到合理範圍。實現共同富裕的原則是：鼓勵勤勞創新致富、堅持基本經濟制度、儘力而為量力而行、堅持循序漸進。

由此可見，今日中國真正做到「安而不忘危」和「治而不忘亂」。在高速、高質量的發展中，它堅持以人民為中心的發展思想，並致力促進共同富裕。這涉及正確處理效率和公平的關係，構建初次分配、再分配、三次分配協調配套的基礎性制度，以及加大稅收、社保、轉移支付等調節力度，並提高精準性，擴大中等收入羣體的比重，增加低收入羣體的收入，合理調節高收入和取締非法收入，以形成中間大、兩頭小的橄欖型分配結構，促進社會公平正義。

第四章

超越華夷、道器與義利之辨

洋務運動與現代化

鐵路在舊中國的確「命途多舛」。1876 年有人被
火車輾死，羣情洶湧。為平息民憤，時任兩江總
督沈葆楨以 28 萬 5 千兩白銀買下發生意外的鐵
路，然後把它拆掉。

中國目前的鐵路總里程數逾十五萬公里，是僅次
於美國的全球第二大鐵路網。其中高速鐵路系
統突破四萬公里，傲視全球。

洋務運動

洋務運動（1860-1894）的推手當然不是咸豐，但倘若始終不相信漢人的咸豐沒有「英年早逝」（終年31歲），曾國藩、左宗棠、李鴻章和張之洞這些洋務派主將，便不可能得到之後執政的恭親王和慈禧重用而大展拳腳。

洋務派的口號「師夷長技以制夷」，是魏源提出的。魏源是林則徐好友，力作《海國圖志》在中國乏人問津，但在日本一年內就賣出9000冊。後來時任湖廣總督的張之洞倡議「中學為體，西學為用」。意思是西方的船堅炮利可以利用，但中國的哲學、制度和修身之道才是最好的；中國也許一次又一次打敗仗，但仍然是世界的中心。在清朝的權力中心，洋務派的代表人物是有「鬼子六」之稱的六王爺奕訢，他以總理衙門首席大臣的身份主理外國事務。地方對外事務則由李鴻章、左宗棠、曾國藩和沈葆楨等處理。

反對洋務運動的保守派代表是蒙古人兼理學大師倭仁，以及李鴻藻和翁同龢兩位太傅（皇帝的老師）。翁同龢是狀元，父親翁心存也是帝師，二人與曾國藩及李鴻章素有積怨。翁同龢長兄翁同書遭李鴻章彈劾而被發配邊疆，導致翁心存含恨而終。背後指使的是曾國藩，翁同龢因此視曾、李二人為殺父仇人。保守派認為學習洋人的東西就是「以夷變

夏」，乃離經叛道之事。

洋務派和保守派的論戰圍繞三大主題。第一是華夷之辨，關乎中國人的身份。這也許不無道理：環顧全世界，有哪個民族像中國人那樣自古至今都保留着一種特質？古埃及人和古羅馬人今日已無處可尋，但今天的中國人卻跟2200年前的漢人一樣遵守同樣的禮儀。保守派認為，中國人之所以是中國人，不單是血統的問題，也是因為他們知書達禮。學洋人就是背棄中國人特質，這就是華夷之辨。

第二是道器之辨，關乎中國人的價值觀。洋務派要向洋人的船堅炮利取經，在保守派眼中，船再堅，炮再利，也只是「器」。若是君子，應該崇道而非崇器。

第三是義利之辨。《論語》說：「君子喻於義，小人喻於利」。保守派指洋務運動重利輕義，恭親王奕訢就對倭仁說：「好，下次英國人和法國人再來，就派你到前線跟他們打，只要你敢去，我們就甚麼都不做。」

慈禧知道奕訢有道理，所以就讓他有限度地推展洋務運動。政治觸覺敏銳的慈禧站在權力的最高點，看得比誰都清楚。她知道本已位高權重的奕訢和李鴻章等人會從這場運動中得到更大權力，所以必須受到制衡。於是，她讓專門彈劾官員的御史組成清流派，以輿論監察洋務派。清流派的成員都是書生，與洋人鮮有接觸，但打從心底討厭他們。這些文

人的筆桿子很厲害，對奕訢及地方督撫諸多批評，不留餘地。

洋人的武器有多厲害，在兩次鴉片戰爭和與太平天國的上海戰役中表露無遺。洋務派以「自強」為口號，自然以生產洋槍洋炮為目標。它在多省推動軍事工業，引進軍械生產技術並開設廠房，如設於湘軍大本營的安慶內軍械所、在上海造船和毛瑟槍（外國步槍）的江南製造總局和沈葆楨主理的福州船政局。

第二個範疇是人才培訓。洋務派相信，中國要有自己的「現代化」，就要派人去學「現代化」；而所謂「現代化」就是西學。學西方的東西，起初是由上而下、從中央開始的。清廷辦「京師同文館」教外語，因為奕訢管轄的總理各國事務衙門沒有人懂英語、法語和俄語，跟洋人打交道處處吃虧。這似乎合情合理，但倭仁就是不同意。不過，即使沒有倭仁阻撓，同文館的招生也有問題。對讀書人而言，上同文館學外文是「捨正途而弗由」。當時正途只有一條，就是科舉，很多人苦讀一輩子也考不上進士，怎會有閒情逸致學其他東西？結果京師同文館要付錢讓人讀書，但為錢而來的多是地痞流氓，所以最後都是學不成。李鴻章仿效京師同文館辦「上海廣方言館」，也是教英語和法語，但因為叫「方言」，就避過頑固的官僚和保守勢力的針對。

除了在北京和上海培養人才，洋務派還安排幼童留學美

國，那就是著名的「留美幼童」計劃。這要從一個來自中山叫容閎的人說起。容閎早年到澳門的馬禮遜學校讀書，得到一個美國人賞識保送到耶魯大學讀書，成為第一個在美國讀大學的中國人。他畢業後回國到湘軍工作，幫曾國藩到美國買軍械，逐漸取得他的信任。容閎跟曾國藩說，洋務運動要成功，就一定要讓孩子看看外面的世界。容閎的建議得到曾國藩和李鴻章支持。從 1872 年到 1875 年，清政府先後將四批共 120 名幼童送往美國留學。然而這個千載難逢的機會最初竟然無人問津：無知的家庭不會讓孩子去，他們以為去了外國就會被洋鬼子吃掉。體面的家庭也不會讓孩子去，因為他們要考科舉，如果去的話會前途盡毀。

結果千辛萬苦湊夠 120 個幼童赴美。這 120 個人裏面有 22 個去耶魯大學，8 個去麻省理工學院，3 個去哥倫比亞大學，1 個去哈佛大學。94 個留美幼童回國後，成為中國現代化進程的推手，當中包括「中國鐵路之父」詹天佑、國務總理唐紹儀、外務部長梁敦彥、北洋大學校長蔡紹基、清華大學首任校長唐國安，還有 24 個外交官、14 個海軍將領和 3 個鐵路部長。由於當時清朝官員不按照留美幼童所學而分配工作，令幼童學非所用。反觀日本，同樣放洋留學的伊藤博文被當作天之驕子，最後更成為日本首相。要待八國聯軍以後中國全盤現代化，留美幼童才有機會盡展所長。

第三個範疇是現代化建設。早在 1874 年，李鴻章已遊說奕訢建鐵路，但奕訢和慈禧都不敢碰這個東西，怕得罪保守派。同一年，英國公司怡和洋行在上海興建從淞江到上海的淞滬鐵路，引起當地居民不滿。這是自然，修鐵路一定要拆樓、拆路和拆農田，甚至拆墳，勢必影響龍脈和破壞風水。

鐵路在舊中國的確「命途多舛」。1876 年有人被火車輾死，羣情洶湧。為平息民憤，時任兩江總督沈葆楨以 28 萬 5 千兩白銀買下發生意外的鐵路，然後把它拆掉。如果這還不夠荒謬，那用騾子拉火車如何？李鴻章要在唐山開平發展煤礦業，於是在唐山和胥各莊之間修建 9.7 公里鐵路，但由於保守勢力太大，鐵路完工後也不敢用火車頭，只用騾子去拉。到 1888 年，一個法國商人在中南海慈禧住的地方附近建了一條 1.5 公里長的鐵路。慈禧覺得比坐轎子好多了，就下定決心要建鐵路。中國的鐵路建設才算正式開始。

從李鴻章 1874 年要建鐵路到 1888 年，這十四年間日本的鐵路總路程由只有英國的千分之一增加到四分之一。反觀滿清，要到 1896 年甲午戰爭慘敗後才痛定思痛，讓實業家盛宣懷修建從盧溝橋到武漢的盧漢鐵路。從 1896 年到 1906 年，盛宣懷興建的鐵路長達 2100 公里，是中國鐵路運輸發展的第一個起飛期。

洋務運動自 1860 年到 1894 年，這 34 年間發生的外交

風波不但影響滿清與英法俄日等多國關係，也左右洋務運動的發展方向。

先談「天津教案」。自 1860 年《北京條約》允許外國人在中國傳教到 1900 年，中國一共發生 811 宗教案，平均每十天一宗。所謂教案，就是外國傳教士在中國與當地居民的衝突事件。1870 年，天津謠傳有法國傳教士拐帶孩子，然後在教堂裏面把他們剖眼挖心。憤怒的民眾焚毀多家教堂並毆斃法國領事，美國、法國、俄羅斯的軍隊如箭在弦，戰事一觸即發。時任直隸總督曾國藩再次臨危受命，處理這燙手山芋。

說是燙手山芋，因為處理不當，慈禧會罵；處理得當，民眾會罵，兩邊不是人。曾國藩也知道形勢險惡，他從保定的居所出發往天津，走之前寫好遺囑和為自己定了棺材。曾國藩抵達天津後很快查明真相：傳教士沒有拐帶孩子，更沒有傷害孩子。他們給村民的錢是殮葬費，希望染病死去的孩子可以入土為安。有些孩子被埋葬後眼睛和內臟不見了，大概是野狗所為。

但對傳教士成見甚深的民眾就是不相信，還罵曾國藩是漢奸。曾國藩知道沒法幹了，就和他的學生李鴻章交換位置，讓李鴻章做直隸總督。曾國藩問李鴻章有甚麼方法對付洋人，李鴻章說：「我會跟他們打痞子腔」，就是圓滑的意

思。這確實是李鴻章應付洋人的手段：他先殺了二十個秋後立決的死囚算是給被殺的領事和傳教士償命，又在洋人看得到的地方張貼告示，警告民眾不要打擾信徒。從「天津教案」可見，即使洋務運動在全國推行得如火如荼，民眾對洋人洋事的無知仍然根深蒂固，構成洋務運動的一大阻力。

洋務運動也沒有改善滿清與西方的關係。1876 年，英國外交官馬嘉理在雲南與當地官員衝突被殺，英國逼中國簽《煙台條約》，清廷除要賠款外，還要派公使到英國道歉及長駐。這個中國首位駐外公使叫郭嵩燾，曾與曾國藩一起在嶽麓書院讀書，也曾跟李鴻章同榜進士。他做過署理廣東巡撫，後被撤官，也曾任淮軍幕僚。他告訴李鴻章，不可以光學外國的用器，也要學外國的制度。李鴻章賞識他，就推薦他去英國做公使。消息傳出後，幾乎整個湖南都有聲音要開除他的省籍，還有人要燒他的屋和殺他的子女，因為他要去英國道歉，就是漢奸。有湖南的士大夫寫一副對聯給他：「出乎其類，拔乎其萃，不容於堯舜之世；未能事人，焉能事鬼，何必去父母之邦」，罵他不忠不孝。

郭嵩燾在萬般不情願下起程，一路到了北非埃及的蘇伊士運河，眼界大開。他把在外國看到的東西記下並寫成《使西紀程》。他到英國白金漢宮拜見英女王，不用三跪九叩，只要鞠躬和握握手就可以離開，多文明啊。他見過愛迪生，

用過電話，去過多次英國議會，這些事情通通記在《使西紀程》。郭嵩燾回國後，總理衙門把《使西紀程》多次付印，最後卻因為輿論壓力全部銷毀。

這個曾任英法大使、被《泰晤士報》譽為「東方最有教養的人」回國後被視為漢奸。「罪行」包括：身為士大夫竟因怕冷而穿上洋人給他的外套；身為天朝大國的代表出席外交活動，竟對巴西這小國之王行站立之禮。就連去白金漢宮看音樂會，拿音樂會的單張看也是一大罪狀。身敗名裂的郭嵩燾最後在一片謾罵聲中鬱鬱而終。他死前寫了一首詩明志：「流傳百世千齡後，定識人間有此人」。郭嵩燾也是第一個提攜嚴復的人，沒有他的知遇，嚴復不可能翻譯出《國富論》和《天演論》，更不會成為復旦大學校長。郭嵩燾的遭遇不僅是他個人的不幸，也是中國近代的悲劇。

洋務運動在清法戰爭（1883–1885）中再受重創。越南是清朝當時的朝貢國，十九世紀中期以後，法國開始在印度支那殖民和修建鐵路，勢力延伸至越南南部，與駐守當地、由清朝將領劉永福率領的黑旗軍發生衝突。滿清為越南出兵，其實是做蝕本生意，純粹是為了面子。越南作為屬國，既不受其監管，又不用向其繳稅。

法國邊打邊跟李鴻章交涉，要求大清撤出越南。當時參與談判的還有主管總理衙門的奕訢和接任駐英、駐法公使的

曾國藩兒子曾紀澤。曾紀澤和他背後的左宗棠是主戰派，奕訢和李鴻章是主和派。主戰派的其他成員大多是清流派，如張之洞、張佩綸和翁同龢，都是直隸人和進士出身。他們不需要跟洋人打交道，卻站在道德的高地為主和派扣漢奸的帽子。他們的口號是「天子守在四方」。至於主和派，其實是務實派。李鴻章和奕訢比誰都清楚，清朝還沒有開始建設海軍，沒有可能戰勝當時實力僅次於英國的法國海軍。對外沒統一的口徑，這足見當時大清外交的混亂。法國人被弄得昏頭轉向，以為中國人在耍他們。最後，李鴻章頂住壓力，跟法國簽訂《李福協定》，承認越南是法國殖民地，全國譁然。這樣做當然符合人民的利益，但不符合政權最高領導的利益。對大清的統治者而言，最重要的是捍衛自己的權力與維持社會穩定。所以慈禧利用清流派與保守派制衡手握實權的洋務派。她要靠熟悉洋人的洋務派排難解紛和化解危機，又要他們做百姓仇外和民粹主義的出氣袋，以及為滿清的無能和喪權辱國做代罪羔羊。這是洋務派的悲慘命運，也是當時中國的悲慘命運。

現代化之路

　　洋務運動為何失敗，中國為何未能轉弱為強？這不全是「做得太少和做得太遲」(too little too late.) 的問題。屢戰屢敗的晚清對自己的弱和西方的強仍然處於「否認狀態」(in denial，人類的一種心理防衛機能)。在其眼中，中國依舊處於天下的中心 (英文 "Middle Kingdom" 的原意)，西方始終是蠻夷。洋務運動的兩大口號——「師夷長技以制夷」和「中學為體，西學為用」，就是這種心態的反映。抱這種心態，根本難以理解西方文化、知識和組織制度的精華，更不要說能夠從中學習和加以利用。另外，不論在朝在野，保守勢力屢屢彈劾洋務事宜，對現代化構成重大阻力。

　　今日中國的現代化之路，早已超越華夷、道器與義利之辨的狹隘思維，鐵路運輸的發展就是明證。世界最早的公用鐵路在 1825 年建於英國，半個世紀後，中國第一條鐵路淞滬鐵路通車。當時上海市民在好奇心的驅使下躍躍欲試。結果乘客如鯽，門庭若市。可是，這個好勢頭沒有為中國的鐵路運輸注入動力，這得歸咎於滿清的積弱。對內，清廷沒有向國人做好遊說、教育和解惑釋疑的工作，更未能在當地居民與鐵路公司發生衝突的時候排難解紛。對外，清廷無法阻止外國借修建和營運鐵路擴展勢力和攫取利益。以吳淞鐵路

為例，它由英商怡和洋行私自修建，未得中國批准。修建過程中怡和與鄉民多次發生衝突，通車一個月後，火車在江灣輾斃一名中國士兵，惹起公憤。結果清政府以白銀 28.5 萬兩購下鐵路，隨即拆毀，中國第一條鐵路就此夭折。

前車可鑒，今日中國不但早已凝聚鐵路強國的共識，更牢牢抓住鐵路的營運和管理權。在中國，幾乎所有鐵路營運都由國有企業中國國家鐵路集團有限公司負責。至於興建鐵路，更成為中國的名片，舉世聞名，無出其右。中國目前的鐵路總里程數逾十五萬公里，是僅次於美國的全球第二大鐵路網。其中高速鐵路系統突破四萬公里，傲視全球。中國的鐵路也是世界上最繁忙的鐵路，客運和貨運量驚人，對人民的自由活動和經濟的活力，以至社會的流動性和凝聚力，至為重要。

科學家在研究正常及腦部受損靈長目動物（primates）的過程中發現，牠們在獵食、逃生和面對危險時或會表現出猶豫不決、心不在焉和行動遲緩。科學家稱之為「反應遲緩問題」（delayed-response problem）。晚清面對西方帝國主義侵略的步步進逼，以及與現代化的相遇，所表現的漫不經心、舉棋不定和後知後覺，是徹頭徹尾的「反應遲緩」。這與今日中國的決斷力和行動力有天淵之別。

改革開放初期，深圳蛇口工業區喊出「時間就是金錢，

效率就是生命」的口號，這不是空話。深圳的地標建築深圳國貿大廈以「三天一層」的速度完工，刷新全國紀錄，「深圳速度」一詞由此誕生。然而今天世人熟悉的不是「深圳速度」，而是更厲害的「中國速度」：一小時創造過百億元國內生產總值、生產 1.5 億斤糧食、新建近 500 米高速鐵路、處理 600 萬件快遞；十天內建成傳染病專科醫院，十二天內為近 700 萬人進行病毒檢測。諸如此類的數字不是用來炫耀，也不是要在吉尼斯世界紀錄大全（Guinness World Records）佔一席位。「中國速度」的真正意義在於證明中國已經成為可以「搞定事情的國家」（a nation that gets things done.）。從晚清到今日中國，是一個脫胎換骨、化蛾破繭的過程，更是一段帶領人民從屈辱、掙扎和匱乏走向榮譽、自信、溫飽和寬裕的神奇旅程。從這些數據可見一斑：新中國成立初期，人民一窮二白。1952 年中國的國內生產總值（GDP）僅為 679 億元，佔全球 4.5％，還沒有今日中國一天創造的 GDP 規模。那時的中國，人均壽命只有 35 歲，文盲率超過 80％。從 1949 到 1976 年，中國人民的識字率和人均壽命皆大幅提升，同期孩子的夭折率則大幅下降。

改革開放以來，直至新冠疫情爆發，中國經濟年均增長 9.4％，遠高於同期世界經濟的 2.9％，一躍成為世界第二大經濟體。更關鍵的是，今日中國的脫貧政策取得全面勝利。

現行標準下9000萬農村貧困人口全部脫貧，832個貧困縣全部摘帽，12.8萬個貧困村全部出列，區域性整體貧困得到解決。說中國「完成了消除絕對貧困的艱巨任務，創造了又一個彪炳史冊的人間奇跡」，沒有言過其實。今天的中國人不再流離失所、朝不保夕。根據聯合國的數字，中國人的預期壽命從1950年的43歲提升到2023年的77歲。

2021年公佈的第七次人口普查數據顯示，相對十年前的普查結果，中國人受教育的比率大幅上升，高中及以上程度佔43.8%。文盲率則由十年前的4%降至2.6%，遠高於印度77%的整體識字率（overall literacy rate）。

從清末到今日中國發生了多大變化，亦可從中國留學生的身上看到。清末的留美幼童已由歷史轉化為傳奇：中國史上最早的一批官派留學生，放洋出國時平均年齡只有十二歲。計劃幾經波折及阻撓，學童被召回，回國後又遭攻擊和冷待。可是，真金不怕火煉，當年的留美幼童在二十世紀初紛紛成為朝廷重臣和社會菁英，為鐵路、礦冶、外交和教育多個領域，增添一大批顯赫人物。這批幾乎全部來自哈佛、耶魯、普林斯頓、哥倫比亞和麻省理工等美國常春藤大學（Ivy League Universities）的幼童不負眾望，分別擔任清華大學校長、北洋大學校長、交通大學創始人、外務尚書、內閣總理、海軍元帥和交通部長等要職，成為時代變革的中流砥柱。

這當然是激勵人心的民族寓言。在國家的危急存亡之秋，百多個稚氣未除的幼童在異域掙扎奮鬥、自強不息；尚未涉世、不懂世故，卻要肩負民族復興、強國興邦的重大使命。這是「不可能的使命」(mission impossible)，他們似乎注定要做「漂亮的失敗者」(beautiful losers)，整個留美幼童計劃也看來難逃「一個以失敗告終的壯舉」(noble failure)的下場。但歷史告訴我們，不要低估中國人的抗逆力，以及他們為祖國可以排除萬難的能力。從留美幼童蛻變而成的「鐵路之父」詹天佑、清華大學校長唐國安、清末交通總長梁敦彥、民初國務總理唐紹儀……無一不是中國人多優秀和多愛國的明證。對迎難而上、越挫越勇的中國人，所有的打擊都是灌溉。

然而留美幼童的個人勝利掩蓋不了，更無法彌補當年整個政府以至國家的失敗。留美幼童計劃由首名就讀耶魯學院之中國人容閎提出，並得到改革派曾國藩和李鴻章支持。但清政府的保守勢力頑強，要求撤回學生之聲不絕於耳。最後在計劃推行九年後，清廷不滿學員沾染西洋風氣，例如信奉基督教及剪辮，決定把他們召回國並授予職務。這些學員大多有報國之心，有些更有治國之才，但回國後置身於排外、仇洋和反動的大環境既得不到重用，也無法盡展所長。例如詹天佑 1881 年二十歲在耶魯的土木工程系畢業，回國後被

投閒置散蹉跎歲月，到 1905 年 44 歲（離世前十三年）才得到袁世凱賞識任京張鐵路建設的總工程師；另一留美幼童梁誠任駐美國公使，換言之，是滿清外交的執行者而非制定者。第四批留美幼童的成員沈壽昌回國後任北洋水師濟遠號大副，在豐島海戰中與日軍作戰殉職，年僅 32 歲。滿清是一艘正在沉沒的巨輪，很多留美幼童所作的努力，既悲壯又徒勞。

在今日的中國，負笈千里不再驚天動地，而是生活的日常；留學生不再是英雄，而是常人。改革開放以來，在領導人鄧小平擴大派遣留學人員的決策推動下，出現了史上規模最大的留學潮。近年，在習近平總書記「支持留學、鼓勵回國、來去自由、發揮作用」的留學人員工作方針指引下和「聚天下英才而用之」的號召下，形成了史上規模最大的回國熱。

全球疫情，出國留學人數不降反增。2019 年中國出國留學人數為 70.35 萬人，同比增長 6.3%；中國留學生回國人數為 58.03 萬人，同比增長 11.7%。其中，2019 年中國留學生人數最多的國家為美國，留學生人數達 36.95 萬人；其次是澳大利亞，留學生人數 15.38 萬人；再次是英國，留學人數為 10.92 萬人。

從出國留學年齡來看，2021 年中國出國留學年齡在 18 至 21 歲人數最多，佔出國留學人數的 48%。當前最多人就

讀的專業是工學，佔本科或以上留學人數的 23%；就讀管理學、經濟學專業類型則各佔 14%。

中國留學生遍佈全球，大批留學生學成後回到國內大學發展，並成為高等教育領域的重要力量，他們是中外教育交流與合作的重要載體。這種持續的交流與合作，大大加快推進中國教育現代化的步伐。

150 年前，120 個留美幼童創造歷史傳奇，至今為人稱頌。今天，每年數以十萬甚至百萬計的中國人出國留學和回國就業，他們毫不張揚，卻是真正的無名英雄，幫助國家進行從封閉到開放、從落後到富強的歷史性跨越。整體而言，他們給中國社會帶來翻天覆地的變化，促進中國社會的轉型。近個半世紀以來，留學主流羣體與國家和民族命運緊密相連。特別是改革開放以來回國的留學人員，促進人民的思想解放和觀念更新。在這個意義上，留學生是近代以來新知識分子的代表，他們不斷拋出新思想，推動新變革，在中國社會的轉型和發展中發揮關鍵作用。

第五章

西化有道——中國如何超越日本

甲午戰爭既是清朝覆沒的開始，也是日本侵華的序幕，影響至今尤在。

當年全盤西化的日本重創對西方欲迎還拒的滿清，今日的中國沒有複製西方的政治和經濟制度，卻在生產力、創科力、軍事力量和綜合國力多方面超越日本。

日本的現代化

國學大師梁啟超說，甲午戰爭（1894-1895）把中國從五千年的美夢中喚醒，將「中國不是天朝上國」的壞消息如實相告。這不是言過其實，甲午戰爭是清末 70 年的分水嶺。甲午戰爭之前，滿清在第一及第二次鴉片戰爭中輸給法國和英國，但敗不足辱。英法當時是世上有數的強國。強如俄羅斯，也在 1853 年到 1856 年的克里米亞戰爭（Crimean War）敗給英法聯軍。然而，敗給中國人心目中的「小日本」卻是顏面盡失。日本的明治維新比洋務運動遲七年展開，它的成功證明中國以固有的方法和體制推行變革並不可行。在這個意義上，甲午戰爭既是清朝覆沒的開始，也是日本侵華的序幕，影響至今尤在。

甲午戰爭勝負的關鍵是中日海軍實力懸殊。1840 年之前，千百年來中國只有一條防線，就是萬里長城。不管是匈奴、鮮卑、蒙古、金人還是女真，敵人都是從北方打來的。

兩次鴉片戰爭的慘痛教訓是海防跟塞防同樣重要。李鴻章身為洋務運動的領袖力促海防，但朝廷反對者眾，藉口是「以夷變夏」，擔心中華文化遭西方文化改造。真正的原因是捨不得花錢。與此同時，一直對中國虎視眈眈的日本已悄然崛起，關鍵是 1868 年正式展開的明治維新。

明治維新和洋務運動的最大分別在於西化的程度。中國是「中學為體，西學為用」，日本是全盤西化，脫亞入歐。日本人幾乎不再承認自己是亞洲人，而是歐洲人。除了出席婚禮和葬禮，他們穿的是西裝而非和服。日本也學習西方的帝國主義，開始搶奪別國的資源。在歷史上中國的改革是循序漸進的，日本卻幾乎一蹴而成。日本每次見到他山之石就見獵心喜，全盤接受。舉個例，日本對大唐的抄襲和模仿，可說是「鉅細無遺」和「無孔不入」。他們稱中國做「唐」，空手道的別名是「唐手」。和服（Kimono）的原名是「吳服」，由上海一帶傳入日本。到今日，在日本仍然可以看到很多有唐朝特色的建築。

明治維新後，日本頒佈憲法，引進西方的議會制度。在普及教育方面，日本更超越英國，1900 年已開始為國民提供免費小學教育；而中國到 1949 年的識字率才到 15%。

另一政策是大力支持民營企業。政府建廠後將廠房以平價賣給私人企業，造就了三菱和三井一類大集團。一般來說，私人公司的效率和營利能力較國有企業優勝，日本的經濟得以迅速發展，同時為其對鄰國發動侵略播下種子。日本本土缺乏發展工業的資源與原材料，往外擴張成為出路。1874 年，它先出兵奪取琉球的控制權，其後再攻打台灣。1876 年逼韓國簽訂《江華條約》，為侵略韓國鋪路。當時韓

國是清朝的朝貢國，清朝不管韓國的內政，對其外交及國防卻要負上一定責任。

往外擴張必須建立海軍，日本軍艦的總噸位在 1888 年只有四萬噸，到 1894 年已增加到六萬噸。艦隊的主力吉野艦，李鴻章早有打算購入，但由於軍費用於修園子，結果落入日本手裏。海戰的致勝關鍵是速度。當時中國軍艦的時速約 18 海里，日久失修，就降低至 15 海里。日本軍艦的平均時速是 18 海里，最快的如吉野艦可達 23 海里。

兩國軍艦的火力也無法相比。中國的炮大而笨重，五分鐘發一炮；日本的炮短小精悍，還有速射炮，一分鐘發五炮，發射之後上新子彈，再發射再上新子彈。中國炮的子彈爆炸完之後要等冷卻，然後才能再上新子彈。滿清的海軍實力脆弱，除了因為軍費不足和常遭挪用，也要歸咎於它的海防觀念。它不追求速度，不重視火力，一心要修一條海上長城，只守不攻。

甲午戰爭的導火線是韓國。《江華條約》讓日本可以干涉韓國內政。自明朝開始，韓國多年來都是受中國保護的藩屬。清朝國力強盛之時，沒有國家敢與韓國直接建立外交關係。問題是這種藩屬關係在國際法上不獲承認。日本因而有恃無恐，明目張膽地在韓國樹立勢力，《江華條約》就是日本對韓不斷施壓的結果。

韓國當時有親清和親日兩派勢力。1884 年，親日的開化黨發動政變，年輕的袁世凱率領駐守當地的清兵到韓國宮廷逮捕開化黨首領。日本首相伊藤博文跟李鴻章交涉，李鴻章為安撫日本，約定若有需要，中日可以一起出兵援韓，種下甲午戰爭的禍根。

　　1894 年，韓國發生農民起義，政府向清朝請求支援。按照約定，日本亦向韓國增兵。動亂平息後，日本不但沒有撤兵，反而不停增兵，說是要趁機理順朝鮮的內政，讓這個國家長治久安。戰事一觸即發，日本想開戰，但身兼直隸總督和北洋大臣，又是淮軍統領和戰爭總指揮的李鴻章按兵不動。他知道日軍厲害，不想跟他們硬碰。慈禧出於自私的原因也不想打：她快要慶祝六十大壽，四十大壽的時候她死了兒子，五十大壽的時候中法戰爭爆發，六十大壽她想過得安樂一點。想開戰的是 1889 年開始親政的光緒皇帝，他的老師翁同龢是主戰派的大旗手。主戰派對西方和外面的世界所知甚少，以為打仗不是講實力而是靠仁義道德。他們在朝廷佔據道德高地，將主和派貶為漢奸。勢孤力弱的李鴻章，只能眼巴巴看着戰爭爆發。

　　第一仗是豐島戰役，勝負的關鍵是組織能力。日本沿用德國軍制，紀律嚴明，分工仔細，工兵、炮兵、騎兵和軍醫各司其職，佈陣行軍一絲不苟。反觀滿清的淮軍，用外國

的裝備打本土的農民起義綽綽有餘，但與外敵交鋒馬上相形見絀。要打敗日本這樣的強敵，靠的不是紙上談兵或匹夫之勇，而是專業的領導。淮軍的主帥，像聶士成、葉志超和劉銘傳等人，不是書生就是武夫，欠缺領導現代化軍團的訓練和經驗。

在黃海海戰一役，中國的北洋艦隊並非全無還擊之力。實情是它發炮彈的命中率是 30%，高於日本的 12%，只是因為炮彈嚴重不足，行船的速度慢，才損毀嚴重。有說北洋艦隊在黃海海戰中全軍覆沒，這並非事實。它的主力定遠號和鎮遠號還在，並且完成使命，將淮軍護送到韓國，回程時與日本軍艦相遇，雖然傷亡慘重，也總算把對手擊退。

接着的一場硬仗是遼東大戰。日本的海軍重創北洋艦隊後，陸軍接着從鴨綠江包抄窮追猛打。當時的北洋艦隊已經元氣大傷，再加上中國的海岸線太長，日軍的搶灘登陸行動十分順利，在遼東推進節節勝利。淮軍像一盤散沙，將領之間欠缺溝通，無法互相支援；很快就被逐個擊破。由於後勤支援不足和醫療制度落後，大批傷兵沒有得到治理，軍隊傷亡慘重，士氣大受打擊。1894 年 11 月，日軍侵入遼寧旅順進行大屠殺，四日三夜殺了兩至三萬人，整個旅順只剩下800 人，是南京大屠殺的預演。至此整個遼東已被日本佔據。

北洋艦隊在 1894 年年底從旅順開往威海衛。威海衛的

海防設有多座炮台，本來易守難攻。可是日軍從後面偷襲，將炮台逐一攻下，然後用來攻打北洋艦隊。北洋艦隊想逃，但被日本的聯合艦隊擋在前面。在炮火連天下，「定遠號」中彈擱淺，變成「死艦」。其餘的戰艦不是沉沒就是被編入日本海軍，北洋艦隊全軍覆沒。

海軍主力北洋艦隊全軍盡墨，清廷只能求和。戰事失利，光緒只派一個總理衙門大臣和一個巡撫到日本議和。但日本政府只肯跟兩個人談，一個是恭親王，另一個是李鴻章。點名李鴻章是狠招，因為日本知道他是中國現代化的主要推手，喪權辱國的條約由他去簽，讓他背上漢奸的罪名，就是對中國現代化的打擊。弱國無外交，任人宰割的清廷只能派李鴻章到日本議和。

當時李鴻章已經72歲，明白「他不入地獄，誰入地獄」的道理。他和使團一行135人抵達馬關，馬關是日本談判代表、時任內閣總理大臣伊藤博文的家鄉，也是很有名的吃河豚的地方。代表團被引領到春帆樓，日方說要給中國的談判代表看海景，其實是想讓他們看到曾經重創清軍的日本軍艦在海上航行，等如把刀架在中國代表的脖子上跟他們談判。

賠款和割地當然少不了，但這次日本要滿清賠三億兩，還要割讓遼東、台灣和澎湖列島，完全超出中方所料。兩次鴉片戰爭加起來的賠款才不過兩千萬兩，這次是三億，而且

還要割一個省，難怪全國譁然。李鴻章不想談下去，但清廷要他繼續談。李鴻章在談判桌上完全處於下風，並非無因。一年前日本入侵韓國，已經破解清朝電報的密碼，所以伊藤博文可能比李鴻章更早知道光緒的底線。談判期間，李鴻章離開春帆樓後在街上被一個日本右翼狂熱分子打了一槍，就在眼睛下面，那顆子彈到死都沒有拿出來。

李鴻章知道自己得到國際輿論的同情，就趁機終止談判說要回國。這是要日本在全世界面前難看。於是明治天皇也走來慰問李鴻章。結果談判繼續，日本唯一的讓步是將賠款由三億減到兩億，這樣雙方就簽了《馬關條約》。

國際社會反應很大，俄國和法國齊聲說不行，他們無法容忍日本把遼東據為己有。最後日本要把已經到嘴裏的遼東吐出來，但它要中國賠償 3000 萬兩的「贖遼費」。換言之，中國要給日本的賠款共 2 億 3000 萬兩，約等如中國政府三年的總收入。日本用這筆錢擴充軍隊，到 1904 年成為全球海軍的第六強。反觀滿清，在被剝削淨盡之後還要舉債還款，進一步走向滅亡。

歷史從來不乏反諷。當年全盤西化的日本重創對西方欲迎還拒的滿清，今日的中國沒有複製西方的政治和經濟制度，卻在生產力、創科力、軍事力量和綜合國力多方面超越日本。

中國的超越

日本二次大戰戰敗後知恥近乎勇，將野心從軍事侵略轉移至經濟發展。在上世紀 60 年代末期，日本 GDP 已達世界第二，並長期佔據這個僅次於美國的位置。然而中國自改革開放以來，經濟不斷高速發展，到 2010 年，日本的名義國內生產總值（nominal GDP）為 5.47 萬億美元，比中國少 4000 多億，中國正式成為世界第二大經濟體。

這當然是因為經濟剛起飛、城市化水準較低的中國，比老齡化嚴重、發展已成熟的日本，發展空間大得多。無論如何，從經濟體量而言，中國與日本的差距會不斷擴大，中國在未來會把日本甩開更遠。

當然，中國比誰都清楚，國內生產總值不是唯一或最重要的指標。比方說，人均收入。中國的國土面積與美國差不多，卻有多達全球五分一的人口，因此人均收入只有日本的十分一。還有其他與「質量」有關的指標，例如犯罪率、人均壽命和空氣質素等等。中國決心要邁向真正意義上的富有，這也是「共同富裕」和「三次分配」政策的目標。

其實中國早已不將日本當作對手。數據顯示，中國 2020 年的 GDP 首次超過 100 萬億，意味着中國的經濟已登上新台階。這也意味着中國的 GDP 將很快達到美國的 70%。這

是一個非常重要的指標，因為自二次大戰結束，國際採用以美元為中心的貨幣體系（即布倫頓森林體系，Bretton Woods System），從沒有其他國家的 GDP 有美國的 70%。

更關鍵的是中國在政治、軍事、外交、科技和文化的綜合實力近年取得飛躍發展，與不進反退的日本形成強烈對比。以航太科技為例，中國自主研發的「神州」系列飛船成功發射。2003 年 10 月，「神州五號」將楊利偉送上太空，使中國成為繼美國及俄羅斯後第三個成功發展載人航太科技的國家。2022 年 4 月，「神州十三號」在太空執行一系列快速返回離軌程式；從脫離核心艙到返回地球，182 天的總任務時長刷新中國載人航太飛行的紀錄。

今日中國的影響力遍及全球每個角落。2008 年在西方爆發的金融危機是轉折點，中國自此開始轉向以贏家的思維綜觀全局，信心十足地在國際社會擔當更積極、更主導的角色。今天它早已超越美國成為亞洲國家的主要貿易夥伴，其遠大的抱負亦不僅限於亞洲。習近平主席提出的「一帶一路」倡議，是由世界各地基礎設施項目構成的雄圖大計，以此重建古代亞歐之間商人運送貨物的「絲綢之路」。這是劃時代的構思，將改寫文明的進程和人類的發展藍圖。

中國向世界伸出友誼之手，是理解今日國際關係的一條線索。舉個例，中國自 2012 年每年與中東歐十六國建立起

領導人會晤機制，由國務院總理和中東歐國家的政府首腦出席。這個名為「16+1」的機制指中國與中東歐地區，包括波蘭、捷克、匈牙利、立陶宛和希臘等16國的經貿合作。中國的投資令希臘港口雷埃夫斯（Piraeus Harbor）變成地中海最繁忙的航運樞紐。這是通往擁有五億消費者的歐盟的門戶。中國亦已承諾提供資金，在塞爾維亞（Serbia）首都貝爾格勒（Belgrade）至匈牙利首都布達佩斯（Budapest）之間建造高速鐵路，並將該區轉型成為一道由高速公路、機場、鐵路、港口和發電站串聯而成的交通走廊。

在軍事方面，中國自改革開放以來實力大幅提升：軍隊的現代化建設不斷進行，軍隊的戰略戰備也提高到新的層次。中國現有現役兵力290萬人，預備兵力120萬人。目前全球只有八個主權國家成功試爆核武，其中擁有最多核彈的是俄羅斯，美國次之，中國排第三。在核武裝備方面，中國有洲際遠程彈道導彈、中程核導彈和東風系列導彈等強大核武儲備。中國亦不斷提升航空母艦的數量及作戰能力；在空軍方面，中國自主研發的「殲」系列戰機，已達世界前列水準。反觀日本，在二戰後其軍事發展受到限制，雖然在海軍方面的實力依然強勁，但綜合軍事實力無法與今日的中國相提並論。

日本以美食、溫泉、旅遊景點、電視劇、動漫、電玩遊

戲和「斷捨離」收納整理術等構成的軟實力無遠弗屆，中國似乎瞠乎其後。可是，種種跡象顯示，中日兩國的軟實力不再懸殊，前者甚至有後來居上之勢。

全球的電玩遊戲市場總值二千億美元，長期被美國與日本平分春色。世界最受歡迎的電玩遊戲系列不少來自日本，例如任天堂自 1986 年推出的動作冒險遊戲《薩爾達傳說》（英文：The Legend of Zelda）。這個權力均衡（balance of power）在 2020 年 9 月出現轉移，總部設於上海的米哈遊推出動作角色扮演遊戲《原神》（英文：Genshin Impact），大受歡迎，首年銷售高達 20 億美元，更是收入最快達到 10 億美元的遊戲。中國出品的優質電玩遊戲不是新鮮事，騰訊的《王者榮耀》便曾經贏盡中國消費者的歡心。《原神》與別不同之處在於，它來自海外平台收入的佔比超過 70%。無可否認，從角色設計到劇情，以至充滿動漫風格的開放世界環境，《原神》受《薩爾達傳說》的影響隨處可見。米哈遊的管理層更自言是「御宅族」（Otaku，指日本流行文化的愛好者）。

但《原神》對《薩爾達傳說》並非只有模仿，更多的是超越和創造。這並非偶然。多年來，中國為日本的電玩公司做外包工作，早已建立起強大的遊戲開發能力。網易和騰訊等中國公司在遊戲開放方面投入巨大資源，非其日本的競爭對手可比。《原神》正是集中國強項於一身的作品。在技術

水準、美術指導和玩法各方面，《原神》都是中國電玩遊戲的大躍進。它有大量的女性人物角色，但深受女玩家歡迎，這在電玩遊戲中非常罕見。事實上，玩家對它的狂熱程度，一時無兩。舉個例，它是 2021 年在推特（Twitter）最多人談論的電玩遊戲。《原神》空前成功，令西方媒體另眼相看。2022 年 3 月 16 日的《紐約時報》便以《從模仿日本到超越日本》（Beating Japan at Its Own Video Game）為題，形容《原神》是中國首個「真正風靡全球的神級遊戲」（first bona fide international smash hit for China's video game industry.）。

英國作家吳爾芙（Virginia Woolf）說過，人性大約於 1910 年 12 月產生變化（On or about December 1910, human character changed.）。她的意思是現代主義（Modernism）在 20 世紀初興起，徹底改變人類的思想、行為和與社會的關係。用吳爾芙的話來說，在 2004 年至 2007 年，人性再次起了變化。在這段時間，社交媒體面世，第二代智慧型手機推出市場。社交媒體和智能電話如何改變人性，1941 年自殺身亡的吳爾芙當然無法預見，但她曾經指出，當人的生活方式和生活習慣出現劇變，人的性格沒有可能不受影響。從這個角度看，社交媒體和智慧型手機改變的不只是人與人的關係，還改變了人與自己的關係。

「世界是個舞台，男女皆屬戲子」（All the world's a stage,

and men and women merely players.），莎士比亞這句名言可用作理解今日社會的表演特質（performing nature）。智慧型手機和社交媒體為用戶提供的，不止是一個 24 小時運作、永不落幕的舞台，還有一大批化身為朋友、「粉絲」（fans）與「追隨者」（followers）的觀眾。在還沒有智慧型手機和社交媒體的年代，只有演員、創作人和作家才有面對觀眾的意識（sense of audience）。如今，世人每次將照片或短片，透過社交媒體與人「分享」，都是為了要讓人知道和給人看見。荷里活女星瑪莉蓮・夢露（Marilyn Monroe）說過，人人都應該有機會做發光發亮的明星，這句話今日已成現實。

簡言之，這就是抖音的國際版本 TikTok 在世界崛起的時代和社會背景。抖音由中國字節跳動公司創辦及營運，是一款可在智能電話上瀏覽短片的社交應用程式。使用者可錄製 15 秒至 3 分鐘或更長的影片，也可上傳影片和相片。自 2016 年 9 月上線後，定位為年輕人音樂短片社區的抖音快速增長，但真正顯示中國軟實力的是它在海外發行的版本 TikTok。短短數年，TikTok 在美國手機應用程式市場的下載量和安裝量皆獨佔鰲頭。跟臉書、谷歌、推特和 YouTube 這些科網巨頭較勁，TikTok 不但毫不遜色，並且節節勝利。以 2021 年為例，TikTok 的活躍用戶量（active users）超越推特，觀看分鐘（watcher minutes）多於 YouTube，應用程

式下載量（App downloads）凌駕臉書，網站訪客流量（site visits）拋離谷歌。最新數據顯示，TikTok 在全球 App Store 和 Google Play 應用程式商店的下載次數已突破 20 億次。

　　現今中國一洗當初清末的衰弱，在經濟和軟實力方面都超越日本。這不僅是歷史的反諷，也是遲來的正義。

第六章

變法與變化之道

變法與變化之道

戊戌變法與社會互信

「變法」之說甚囂塵上，很多有識之士認為，中國要打敗日本，就要放棄專制主義。

今日中國的社會凝聚力（social cohesion）並非從天而降，而是政府努力不懈的成果。

戊戌變法

甲午戰爭把中國人從幾千年的自我陶醉中喚醒，日本似乎以極度殘酷的方式提醒我們，不徹底改革、不全盤西化，就只能接受被羞辱和被征服的悲慘命運。日軍的野蠻兇殘令中國人咬牙切齒，但這不是單純的恨，還夾雜着仰慕和崇拜。「日本做到的，中國必能做到」的心態蔓延全國。李鴻章搞了好幾十年洋務，但只是築鐵路，開煤礦和辦電報，沒有像日本那樣改革政制和頒佈憲法。於是，「變法」之說甚囂塵上，很多有識之士認為，中國要打敗日本，就要放棄專制主義。

清廷對政改的態度也出現了改變。李鴻章本是洋務派領袖，自簽訂《馬關條約》後出任欽差頭等大使，多次出訪外國。代之而起的是多年跟他對着幹的張之洞。張本屬清流派，是慈禧親自選出來的探花。1884 年中法戰爭，他出任兩廣總督，在越南親眼目睹法軍的厲害，自此成為維新變法的支持者。到他出任湖廣總督統管湖南湖北，已是洋務派領袖。

更出乎意料的是翁同龢，竟然接了李鴻章的棒，專門負責與洋人打交道。洋務派的其他中堅分子還有沈葆楨，他在福州開船廠；以及湖北巡撫譚繼洵和湖南巡撫陳寶箴。在教育羣眾和凝聚共識這方面，這些洋務派漢人的官二代和官三

代出了不少力。佼佼者是張之洞的兒子張權、曾國藩的孫子曾廣鈞、湖南巡撫陳寶箴的兒子陳三立、翁同龢的姪孫翁斌孫和沈葆楨的兒子沈瑜慶。至於大名鼎鼎的譚嗣同，則是湖北巡撫譚繼洵的兒子。

甲午戰爭後，讓民眾聚首一堂，討論如何變法救國的學會如雨後春筍，其中最著名的「強學會」由康有為與梁啟超在北京創立，翁同龢則在幕後支持。翁同龢賞識康有為，向光緒推薦康有為論變法的著作。光緒想見康有為，但因恭親王阻撓而未能成事。

「強學會」的成員每十天聚首一堂，探討強國之道和時局變化。他們主張立憲，即統治者的權力要來自法律並受其約束。「強學會」的言論頗受重視，袁世凱也在財政上提供支援。袁世凱在天津用德國人的方法訓練新軍，培養出大批人才，包括段祺瑞、馮國璋、徐世昌、趙秉鈞和曹錕。後得榮祿推薦成為手握兵權的直隸按察使。

梁啟超是康有為的學生，擅長辦報。報紙在清朝已經存在，但多是官報。民辦的報紙，例如上海的《申報》，首先出現在租界，因為租界比較自由。梁啟超當時辦的《時務報》在湖南、湖北和兩廣等 70 個縣發行，每期出版萬逾份。以中國當時的識字率來說，這個數字已經很不錯。梁啟超寫變法，筆觸常帶感情，廣受歡迎。

翁同龢、張之洞跟康有為的「蜜月期」並不長久。康有為的《孔子改制考》和《新學偽經考》是對儒學的批判。翁同龢是狀元，張之洞是慈禧親自欽點的探花。對他們來說，儒學是宗教和信仰，他們與康有為的決裂因而無可避免。「強學會」倒閉後，康、梁二人回到南方。

變法的呼聲沒有因「強學會」倒閉而沉寂下來。滿清在甲午戰爭慘敗，賠款高達 2 億 3000 萬兩。清政府的年收入約 8000 至 9000 萬兩，支出是一億，本已入不敷出，現在還要賠兩億多，除了借貸別無他法。結果，它迫於無奈向匯豐銀行、法國巴黎銀行和德意志銀行借利息高昂的抵押貸款，借三億要還七億。

與此同時，西方國家繼續千方百計的想要瓜分中國。先是德國以保護傳教士為名佔領膠州灣，然後俄國以保護中國為名佔領旅順和大連；跟着不甘示弱的法國拿了廣州灣，也就是湛江。英國自認老大，怎會袖手旁觀？1898 年它向滿清「租借」香港界限街以北的九龍和新界，為期 99 年。

外侮當前，江河日下，光緒就想起了康有為。想見他，但難以成事，因為恭親王還在。至此光緒與恭親王的矛盾漸趨白熱化：光緒視改革和變法為大清最後的一線生機，誰阻撓改革，誰就是敵人。恭親王視變法為滿人政權與自身利益的最大威脅，誰堅持改革，誰就是敵人。對光緒而言，改革

和變法是國家大事；在恭親王眼中卻是家事。

戊戌變法始於 1898 年 6 月 11 日，當天光緒頒佈《定國是詔》，誓言要變法圖強。另一個為人忽略但同樣重要的日子是 1898 年 5 月 29 日，恭親王在當天去世。6 月 15 日，光緒罷免老師翁同龢戶部尚書的職位，勒令他告老還鄉。

6 月 16 日，光緒接見康有為。這次雙方期待已久的會面在平淡甚至失望中結束。在光緒看來，康有為所言並無新意。康有為說要辦學校和建鐵路，他早已聽過，李鴻章甚至已經做過。他想知道政府可以怎樣開源，但康有為對此跟光緒一樣沒有頭緒。其實康有為對西方文明所知有限，因此無法提出具體的改革方案。他甚至連立憲和資政院也沒有提及，因為他知道光緒再開明，也不想自己的權力被削弱。難怪光緒見過康有為後，給他的官職只是總理各國事務衙門的「五品章京」。

對光緒而言，遠較康有為管用的是他安插在軍機處的四位「四品章京」，分別是林旭、楊銳、劉光第和譚嗣同，即史稱「戊戌六君子」中的四君子。四人與清廷改革派有深厚淵源：林旭妻子的爺爺是沈葆楨；楊銳追隨張之洞多年；劉光第的引薦人是與張之洞關係密切的湖南巡撫陳寶箴；譚嗣同則是湖北巡撫譚繼洵的兒子。

光緒器重他們，但既然無法任命他們做大臣（兩品以上

官員的任命需慈禧批准），就把他們安插在以皇帝為中心的中樞權力機構──軍機處。這樣的做法在中國歷史上屢見不鮮，重用親信是皇帝為自己在制度內攫取更多權力的有效手段。以尚書一職為例，「尚」有「幫助」的意思，「尚膳」就是幫助皇帝用膳。尚書最初只是皇帝的秘書，但一千年後就變成正規官職。軍機處也是這樣，是雍正在當時的架構以外設立的另一權力中心。

由此可見，出身寒門、缺乏人脈的康有為沒有得到光緒的真正信任。他任職的總理各國事務衙門只負責外交，遠不如軍機處重要。這也跟康有為未能「讀懂」滿清的權力關係有關。禮部的維新派官員王照曾經苦口婆心地告訴康有為：「如果真心想變法，就要爭取皇太后支持。」這是真知灼見，守舊的慈禧其實也有開明的一面。沒有她默許，她的親信李鴻章怎能開展洋務運動，在築鐵路、造輪船、開煤礦和辦電報各方面做出成績？

在四君子的輔助下，光緒大膽推行維新，但似乎亂了方寸，操之過急。百日之內，他下了 240 道詔書，很多命令因無人執行而變成一紙空文。他做的很多事情其實洋務派一直在做，例如築路、開礦、辦廠和採用新式設備。較有新意的是開辦學校，辦了京師大學堂，也就是今天的北京大學。新政之中，遭到最多反對和最大阻力的是廢八股。最大的反對

聲音來自軍機大臣兼禮部侍郎剛毅。此人是保守派中的保守派，為保八股不惜向慈禧「告狀」。慈禧聽了光緒解釋，還是讓廢八股的政策實施。慈禧說：「只要不改國號，不剪辮子，怎麼變法都可以。」事實證明，她不是信口開河。

要廢的並非只是一種由八個部分組成的考試文體，而是背後僵化、因循守舊的思維方式。原意是好的，但全國多少人苦讀半生聖賢之書和學寫八股文，就是為了考科舉。如今要廢八股，教他們如何是好？這其實是改革者與既得利益者的永恆矛盾。專制社會總有各式各樣為利益集團服務的潛規則，任何有意義的改革都會觸及這些潛規則的重新設定，這是無可避免的，所以必然引起既得利益者的反彈甚至反撲。

清朝的旗人既是權力中心，也是利益集團。清朝入關靠旗人，皇帝是旗人，重要的官員也是旗人。問題是權力可以令人腐化，利益集團也不會輕易放棄既得的利益。入關時的八旗鐵騎，百年後已變得不堪一擊。20萬八旗兵，加上50萬由明朝降兵降將後裔組成的綠營兵，共70萬大軍，竟被太平軍打到落花流水。旗人要當兵保衛國家，因此不用工作糊口，大清每年花2000萬兩供養他們。北洋艦隊戰鬥力強得多，每年卻僅花清廷170萬兩。光緒要大幅裁減旗兵的軍費，完全合理。大清統治中國逾250年，建立了龐大的官僚系統，冗員冗部、組織肥大的問題嚴重。例如沒有太子卻有

陪太子讀書的詹事府，沒有藩屬卻有管理藩屬的鴻臚寺。光緒要精簡架構，完全合理。但權力和利益有它自己的一套邏輯。這一點，恭親王比誰都清楚。他知道，任何危及滿族利益的改革都會遭到反對。改變的力度有多大，就會遭到多大的阻力。這也是他的經驗之談，他和慈禧與李鴻章改革了幾十年，甚麼可以做，甚麼是禁忌，早已心裏有數。

百日維新的另一新猷是廣開言路，讓更多人可以上書。滿清皇帝有時消息閉塞，對某些重要的事情所知不多，並非無因。按照規定，外官三品才可以上書，但當時三品和四品以上的京官加起來才幾百人。換言之，清帝要管治一個 4.5 億人口的國家，但只有 400 人可以給意見，如何做出英明的決定？

然而積習難改，推行新政困難重重。維新派的禮部主事王照上書，建議光緒和慈禧太后一起出國考察，藉此向世人展示大清皇族的團結和改革的決心。但王照的奏章未能上達，因為他的上司、禮部尚書懷塔布覺得他的提議不合禮法，把奏章扣起。光緒知道後要罷免懷塔布，到這個地步，老佛爺終於出手干涉。不是因為懷塔布是她的心腹，更不是因為懷塔布的老婆是跟她打麻雀的「雀友」，而是因為在她看來，光緒已遭漢人挾持，眼中再無滿人的利益。慈禧的顧慮與當時的形勢有關：太平天國之亂平定後，漢人大臣和地

方督撫的權力大增。慈禧怕漢人保中國不保大清。

康有為說過，他為中華謀，不為大清謀。誠然，大清的利益和中華的利益有時並不一致。光緒要削減滿人的供養費，但上令無法下達，不但沒有人聽，更沒有人執行。光緒知道要有自己的智囊團，就想成立另一個軍機處叫「懋勤殿」，懋勤殿是從前康熙皇帝讀書的地方。這是政治體制的結構性改革，必須得到慈禧首肯。從 6 月 11 日到 9 月，光緒一共去了十二次頤和園跟太后見面，但始終無法說服慈禧。

維新運動至此已推行三個月，仍然一事無成。焦急的康有為想到曾經接濟過他、手握 7000 新軍的直隸按察使袁世凱，認為只有他可以幫維新派扭轉乾坤。康有為的如意算盤，是用袁世凱的兵「圍（頤和）園殺（慈禧太）后」。他着譚嗣同帶光緒的詔書去找袁世凱，這封詔書的真偽歷史早有公論。1898 年 9 月 15 日，光緒的確寫了一封詔書給「戊戌六君子」之一楊銳。根據康有為的說法，光緒在詔書將變法的失敗歸咎於慈禧，並強調自己的處境危險，急需援手，但這只是康有為的一面之詞。十年後光緒和慈禧相繼去世，楊銳的兒子把真的詔書拿出來。原來光緒在詔書表示，康有為與梁啓超的思想過激，變法要成功，必須改弦易轍。無論如何，光緒不但見了袁世凱，並在同一天把他的官階連升兩

級，從直隸按察使擢升為候補兵部侍郎。光緒對袁世凱說，從現在開始你不再是榮祿的手下，你自己該怎麼幹就怎麼幹。言下之意，是想袁世凱加入變法的陣營。

9月18日，慶王亦勵跟御史楊崇伊往頤和園進見慈禧，指皇帝的改革太急進，重用康有為更是大錯。他們又擔心光緒被伊藤博文利用，怕漢人勾結外國勢力搞垮大清，促請太后回來訓政。譚嗣同見勢色不對，就拿着槍去找袁世凱，要他馬上進行「圍園殺后」的計劃。譚嗣同把槍給袁世凱看，告訴他：「今天我的命在公手裏，公的命也在我手裏」。這是維新派的垂死掙扎。袁世凱只有七千新兵，如何抗衡榮祿的十四萬大軍。沒有榮祿批准，袁世凱的小站新軍不會獲發子彈，「圍園殺后」根本是天方夜譚。

9月19日，慈禧回宮煞停變法，以結黨營私的罪名緝捕康有為，結果抓不到康有為，但抓到他的弟弟康廣仁，並揭發「圍園殺后」的計劃。慈禧大怒，四君子林旭、楊銳、劉光第和譚嗣同被捕，康有為和梁啟超在日本使館協助下逃往日本，連光緒也成階下囚。譚嗣同本可跟梁啟超一起逃走，但他決定為變法犧牲。他說：「不有行者，無以圖將來。不有死者，無以酬聖主」。他要梁啟超做那個「圖將來」的「行者」，自己做那個「酬聖主」的「死者」。9月28日，四君子遭處決，還有康廣仁和上書皇帝懇求變法的御史楊深秀也一

併在刑場斷魂，史稱六人為「戊戌六君子」。

　　監斬六君子的是剛毅。清朝處決官員看級別，級別越高所用的刀越鈍。清廷保守派對「戊戌六君子」恨之入骨，不是「惡之欲其死」，而是「惡之欲其慘死」。故以對待一品大員的方式，用鈍的刀來鋸他們的頭。六人喋血菜市口之後，戊戌變法正式告終。慈禧把所有新法廢掉，唯一獲得保留的是京師大學堂。短命的百日維新，唯一成功加劇了清廷的內部矛盾和加速清朝的滅亡。

社會互信

　　為何戊戌變法曇花一現、慘淡收場，今日中國的改革開放卻取得持久和巨大的成功？關鍵也許是今日中國政府的合法性與人民對政府的信任。在人與人的交往，尤其是涉及利益的人際關係，信任擔當重要的角色。從商者最大的本錢是取信於人，從政者最大的本錢是取信於民。美國前國務卿舒茲（George Shultz）2021 年離世前在《華盛頓郵報》發表一篇文章題為《百年來我學懂關於信任的十大要事》(The 10 most important things I've learned about trust over my 100 years）。他寫道：「只要有互信，不管是在家庭、學校、辦公室、政府還是軍隊，好事自然會發生。若沒有互信，難有好結果。除此之外，其他事情只是微末枝節。」

　　證之以歷史也是如此。戈爾巴喬夫（Gorbachev）領導的蘇聯不再與美國為敵，這件結束冷戰的歷史大事由無法想像變成無法逆轉（from unthinkable to irreversible.），關鍵是兩國領袖建立的互信。「人無信而不立，業無信而不興」是中國人的傳統智慧。在日常生活，信任的重要性同樣顯而易見。

　　簡而言之，任何涉及與人打交道的工作，英文所謂 "people business"，成功的要素都離不開建立互信關係。人與人的互動在互信的基礎上進行，可以互補不足，製造雙贏

和產生協同效應。若缺乏互信，猜忌、傾軋、出賣和勾心鬥角便應運而生。所有重要的人際關係，包括政府與人民、夫妻、師生、同事、買賣和各式各樣的合作關係，信任都不可或缺。

這也是成功社會與失敗社會的最大分野。「失敗社會」（failed society）一詞衍生自「失敗國家」（failed state）。失敗國家的特徵，會反映在社會、經濟和政治方面：例如失去對其領土主權的控制、無法為人民提供公共服務、未能以國際社會成員的身份與其他國家打交道等。失敗社會的特徵包括高犯罪率、嚴重的政治腐敗、低效的官僚制度和失效的司法制度。

公共政策學者發現，失敗社會的成因複雜，但幾乎無一例外都是所謂「低信任度社會」（low-trust societies）。低信任度社會難以達致管治效能，因為市民與政府及彼此嚴重缺乏互信。社會彌漫猜疑、爭拗、假新聞和以訛傳訛，致使政策無法落實。社會逐漸在內耗中失去競爭力。

以「軟實力」理論（soft power）廣為人知的政治學者奈伊（Joseph Nye）在四分一世紀前出版的《為何人民對政府失去信任》（*Why People Don't Trust Government*）一書，將美國人越來越不信任政府歸咎於蠱惑人心、以煽動羣眾和製造對立為己任的新聞媒體。他認為，與其說美國政府失信於人

民，倒不如說新聞媒體破壞人民對政府的信任。怪罪媒體（Blame the media）是美國保守派的慣技，美國政府多年來的犯錯也罄竹難書，但說媒體對社會的凝聚力可以產生「腐蝕性影響」（corrosive influence），卻並非危言聳聽。這個情況當然古已有之，但於今為烈。從前不管新聞機構和大眾傳媒怎樣興風作浪和無中生有，它們散播謠言和妖言惑眾的能力，也及不上今日互聯網和社交媒體的萬分之一。正因如此，為避免社會出現信任危機，管治者必須以實際行動爭取民眾信任，這正是今日中國做對的其中一件重要事情。

中國政府得到人民的絕大甚至絕對信任，這不是北京自吹自擂，而是建基於客觀事實與數據的合理推論。舉個例，自 2000 年開始，世界最大的公共關係公司愛德曼（Edelman）每年發表《全球信任度調查報告》（Trust Barometer），在達沃斯世界經濟論壇（Davos World Economic Forum）舉行前公佈。它於 2022 年 1 月發表的報告顯示，中國百姓對政府的信任度高達 91%，名列第一。美國人對其政府的信任度卻只有 39%，對比強烈。調查中與 28 個國家的三萬六千個受訪者進行 30 分鐘網上訪談，發現中國公民對企業、非政府組織（NGOs）、政府及媒體的整體信任度，皆遠高於美國及大多數西方國家的公民。從這個角度看，中國是名副其實的「高信任度社會」（high-trust society）。

這就是為何今日中國「能滿清所不能」的關鍵——真正賦予一個有為政府權力和行動力的，是人民的信任和社會的凝聚力。德國社會學家齊美爾（Georg Simmel）說，人有走在一起的衝動（impulse to sociability）。他們透過聯繫將孤單（solitariness）變成親密無間（togetherness）。齊美爾認為，社會將本來各自為政的個人團結起來，形成一個「高等群體」（higher unity）。雖說人天生有合群性，但他們跟甚麼人合而成群，成群之後能否建構共同的身份，卻是懸而未決的問題。在《想像的共同體：民族主義的起源與散佈》（*Imagined Communities: Reflections on the Origin and Spread of Nationalism*）一書，國際關係學者安德森（Benedict Anderson）指出，民族感情並非與生俱來，因為民族是人為的「文化構造」（cultural construct），而民族主義則是一種信則有之、不信則無的「想像的政治共同體」。從這個角度理解，晚清政府事事不順，其中一個原因是佔大多數的漢人無法想像他們與滿人屬同一「共同體」。同樣道理，身為特權階級的滿族也沒有視漢人為他們所屬的「政治團體」的成員。民族主義因而沒法生根，致使蠻夷入侵，也不能同仇敵愾。

　　即使最和諧的社會，也是由很多狹隘、互相排斥的利益組成。在飽受政治爭拗和階級矛盾衝擊後卻依然健在，

能夠屹立不倒，並且正常運作，因為社會的內聚力和向心力（cohesiveness）凌駕它的分裂力（divisiveness）。英國史學家坎納丁（David Cannadine）在《共有的過去》（*The Undivided Past: Humanity Beyond Our Differences*）中指出，古往今來，社會有六大集體團結力量（collective identities），給予成員身份認同和歸屬感，分別為國籍、種族、宗教、階級和性別，以及屬於某個特定時期和地區的社會文明。故此社會成員往往擁有多重身份，例如一個信奉天主教的美籍黑人女保安員，便同時具備國籍、種族、宗教、階級和性別的多重身份。可是，水能載舟，亦能覆舟，強大的力量可以團結社會，也可以分裂社會，令人互相猜疑，甚至互相殺戮。

對無數中國人來說，中國從來不是一個抽象社羣的符號。他們受到國家的感召，視自己為不折不扣的中國人，與同胞分享相同的文明、文字語言、共通的文化和繼往開來的歷史。在今日中國，這種人民對國家的信任和身份認同達到高峯。

日裔美國政治經濟學者福山（Francis Fukuyama）在《信任：社會德性與經濟繁榮》（*Trust: the Social Virtues and the Creation of Prosperity*）一書指出，信任建立在對正直和互助行為習以為常的社會。它建基於成員普遍遵守的行為規範，可以體現於各式各樣的社會羣體，小至家庭，大至國家。他

強調，在個人的層面，值得信任（trustworthiness）是美德，人民對政府的信任和互信更是可以創造財富和提升經濟競爭力的社會美德。他以意大利為例，南部和北部奉行一樣的制度和遵守一樣的法律，但與犯罪和黑手黨常常聯繫在一起的南意大利因為缺乏互信，在經濟發展方面一直落後於北意大利。

更好的例子是今日的中國。共產黨領導下的中國為何能夠在短短數十年發展成全球第二大經濟體？為何能夠在社會主義的框架內發展市場經濟，並取得史無前例的成功？因為中國有雄厚、足以令日本羨慕和美國慚愧的社會資本（social capital）。所謂社會資本，是指人民的互信、互相了解和共同價值等，讓他們可以和諧共存的社會網絡和道德標準。社會資本雖然不像國內生產總值（GDP）和外匯儲備那樣可以量化，但其重要性得到越來越廣泛的認可。世界銀行更將它定義為「讓集體行動順利展開和有效運作的規範與網絡」，最終達致社會整體利益提升。

這解釋了為甚麼中國在疫症大流行期間能更好地保護人民的生命健康安全，也解釋了為甚麼只有中國政府才可以堅持採取嚴格的清零政策對付病毒。人民願意付出封區封城和停工停產等高昂代價抗疫，因為他們相信政府。不僅相信政府的良好動機和意願，更相信政府的判斷和能力。

美國疾病管制與預防中心（Center for Disease Control and Prevention）主任塞特羅（Martin Cetron）相信，大流行病失控，每每出現於嚴重缺乏互信的社會——人民不信任政府，政府也不信任人民。2013 年至 2016 年在西非爆發的埃博拉病毒（Ebola virus）如是，今天在美國肆虐的新冠病毒也是這樣。他把這種情況稱為「信任淪喪」（bankruptcy of trust）。的確，從美國的例子可見，沒有信任，最簡單、最輕易而舉和最符合自身利益的事情，也會變得棘手和激化矛盾。疫苗猶豫（vaccine hesitancy）和疫苗爭議（vaccine controversy）正是低信任度社會的典型產物。

今日中國的社會凝聚力（social cohesion）並非從天而降，而是政府努力不懈的成果。從啟動國家機器反貪腐到大力整頓污染行業，從監管大型科技公司到私人補習市場，從全面脫貧到全面小康到共同富裕，中國政府費了最大的氣力迎難而上，以人民的利益為依歸，結果得到他們的高度信任，在關鍵時刻做困難但必要的事情。

第七章

無知是禍，把它連根拔起

義和團與知識

洋槍洋炮厲害，但義和團宣稱刀槍不入，
只有他們可以給村民希望和保護。對士紳
而言，他們可以打擊教會這股新興勢力，至
少挫挫它的銳氣。這就成為義和團的翼下
之風。

有謂現世是羣眾愚昧的黃金時代（golden age of mass stupidity），但中國透過信息辦和國家廣播電視總局等在監管互聯網、手機網絡遊戲和媒體節目各方面多管齊下，令集體無知沒法在社會生根。

義和團

　　義和團（1899-1901）是中國歷史上的奇恥大辱，也是人類史上一大荒誕離奇事件。從義和團事件看到的，不僅是晚清管治千瘡百孔，更是中華民族在長期封閉下萌生的排外、迷信和極端民族主義。這要從大清最高領導人的仇外情緒（xenophobia）說起。慈禧太后和端郡王載漪憎恨洋人，因為在其眼中，洋人的故意刁難令他們不爽。所以，對他們來說，仇外既是國策，也是私人恩怨（It's personal.）。

　　先說慈禧。戊戌變法無疾而終，光緒被軟禁。慈禧為保滿人利益，有意另立新君。她屬意於載漪的兒子溥儁，因為他集愛新覺羅與葉赫那拉（慈禧先祖的姓氏）的血統於一身，權力基因是百分百的近支皇族。問題是當時中國已是半殖民地和半封建社會，「廢光緒」不是滿清可以自行決定。西方侵華勢力明確表示，不是光緒發給他們的國書他們不要，他們只承認光緒。

　　慈禧很生氣，覺得洋人插管「家事」欺人太甚。然而她畢竟是政治家，就想到給洋人一個說法，就是光緒病了，無法親政。沒想到洋人一點情面也不給慈禧，竟派一個法國醫生到紫禁城幫光緒診治。光緒的身子是有點弱，但沒有病。西方侵華勢力拿着這個法國醫生的診斷，「否決」慈禧要廢

光緒的決定。

　　榮祿是慈禧的親信，他向老佛爺提議，既然不能廢光緒，不如封溥儁為大阿哥，等光緒死了，溥儁就能當皇帝。溥儁成為大阿哥，意味着清廷的實權重新落入近支皇族手中。事實上，載漪、載瀾、載濂和他們的好兄弟莊親王載勛早已手握京畿地區的兵權：例如載漪是負責虎神營的，虎神營是保護北京最重要的武裝力量。為甚麼叫虎神營呢？因為虎吃羊，神抓鬼，虎神就是抓洋鬼子的意思。

　　兒子被封大阿哥，滿心歡喜的載漪宴請各國大使一起慶祝。他們的答覆是：這個大阿哥不合法，光緒皇帝還在，憑甚麼要封一個大阿哥？這是對載漪的羞辱，他痛恨洋人，完全可以理解。

　　清廷對西方的態度越趨強硬，跟洋務派與保守派勢力此消彼長有關。慈禧是制衡雙方的中立派，她的兩邊分別是陣容鼎盛的保守派和人才凋零的改革派。保守派的陣營有端郡王、莊親王，以及極力反對變法、力主太后廢光緒的滿洲大臣剛毅。還有理學家徐桐，他曾經説過，葡萄牙和西班牙怎可能是國家，它們只是「牙」而已；可見此人對外國多麼無知。

　　洋務派的實力本來不弱。在地方上最能幹的當然是李鴻章，但他在簽訂《馬關條約》後因背負漢奸罪名而被投閒

置散。還有張之洞和文祥，以及搞海軍的醇親王奕譞和恭親王奕訢。只是這些開明、進步人士紛紛缺席：有的不肯進京，有的被貶，有的辭世。清廷中樞逐漸被排外的利益集團控制。

在民間，村民與教民的衝突時有發生。所謂教民，指信奉基督教的農民。1891年，山東一批教民用德國人的錢買了一塊地要蓋教堂。當地村民反對，指該塊地要用作興建玉皇廟。雙方大打出手，村民衝進教會殺了幾個教民。村民當中有兩個練武之人，練的是梅花拳，隸屬一個叫義和拳的武術組織，是義和團的前身。

義和團興起有它的經濟和文化原因。山東人口密集，民風彪悍。兩個德國傳教士被團民打死的「曹州教案」正是發生在山東。一百零八將落草為寇之地梁山泊，則是曾經存在於今日山東梁山城東南隅一帶的湖泊。兩次鴉片戰爭之後，很多年輕力壯、從事漕運的人失業，成為義和團招攬的對象。

教會、傳教士和教民不受歡迎，因為他們是入侵的外來勢力。自明朝以來，中央政府的權力最遠只伸展至縣。農村作為縣以下的行政單位，奉行的是士紳制度，由德高望重、熟悉當地民風民情的士紳擔任村長。村的治安良好、夜不閉戶，因為村民不但互相認識，更互相監察。

由於有外國政府撐腰，傳教士和教會成為新興勢力。當

時教民約有 2 至 3 萬人，很多村民投靠洋教，不是真心信奉耶穌，而是要找更大的靠山。這類教民往往是地痞流氓，急於逃離村長和士紳的五指山。從 1861 年簽訂《北京條約》准許外國人在中國傳教開始，到 1899 年義和團事變，教民與農民的衝突有 811 宗，約每十天一宗，當中不少是地痞流氓利用外國教會做保護傘幹非法勾當。

人禍之外還有天災。黃河在山東斷流，造成嚴重旱災。在無知的村民眼中，這不是天災，而是老天爺對他們的懲罰。鋪電線、築鐵路和建教堂是破壞風水和祖先的安寧，是教民的錯。中國到了 1949 年男性的識字率才達 15%，是集體迷信的溫牀。無知加飢餓，邪教遂應運而生。

義和團的意思是義勇有三氣，正氣、義氣、和氣，加起來就是義和團。它以道教為主，跟白蓮教一樣相信「神功護身」。

洋槍洋炮厲害，但義和團宣稱刀槍不入，只有他們可以給村民希望和保護。對士紳而言，他們可以打擊教會這股新興勢力，至少挫挫它的銳氣。這就成為義和團的翼下之風。在 1898 年至 1899 年，一年內，團民見到洋人和教民就殺，總共殺了 200 多個外國人和二萬多個中國人。1899 年的聖誕節，一個外國傳教士在山東被團民斬首，頭扔在地上。國際輿論譁然，多國要求清廷儘快把兇手緝拿歸案。但義和團

的口號是「扶清滅洋」，乃史上唯一高舉支持政府旗號的農民起義。清廷怎好去鎮壓呢？

難怪清廷對義和團的態度一直曖昧，既不招降，也不圍剿。直至袁世凱帶兵七千出任山東巡撫，僵局才被打破。袁世凱不愧是個狠角色，他跟義和團見面的時候，拿出德國製造的槍械把幾個團民當場擊斃。這是用科學破除迷信，毫不含糊。團民知道袁世凱不好對付，就離開山東。至此清廷仍然舉棋不定，榮祿主張全力圍剿，端親王卻覺得義和團可用。

1900 年 5 月，義和團來到北京，外國使館的職員非但沒有聽從清廷的勸喻撤離，反而組織了一支數百人的護衛隊。態度最強硬的德國大使說，中國就像德國香腸，可以一片片割下來吃。當時義和團已有幾十萬團民，勢不可擋，連剛毅也轉口風說「團民可用」。6 月 10 日，端郡王載漪出任總署衙門大臣。他把整個總署衙門變成神壇，讓義和團來做法事。於是義和團更肆無忌憚，到處搶掠殺人，而多國的保衛隊亦擴大到二千多人。把一切都看在眼裏的慈禧都覺得「扶清滅洋」好，於是就給團民十萬兩白銀和二萬擔糧食，並急召李鴻章回北京。

6 月 16 至 19 日，清廷召開數次御前會議。事源於英國僑民在上海出版的《北華捷報》(North China Herald) 的一篇社論，提到外國人要光緒復位和打倒慈禧。慈禧在御前會議

大哭，史無前例地以「諸公」稱呼大臣。端郡王載漪、輔國公載瀾和其他大臣也哭成一片。眾人説打也死，不打也死，不如就跟洋人決一死戰。這時消息傳來，淮軍聶士成和團兵把沒有糧食的八國聯軍困在天津和北京中間，即所謂「廊坊大捷」。主戰派士氣大振，堅持非打不可。

反戰派的大臣包括曾任德法大使多年的吏部侍郎許景澄。光緒問許景澄可否開戰，許説不可，還拉着光緒皇帝的衣服，慈禧怒罵許景澄無禮。兵部尚書徐用儀、漢族旗人聯元、蒙古旗人立山和太常寺卿袁昶也説不能打。這五個人都被拉下問斬，史稱「庚子被禍五大臣」。6 月 20 日，德國公使克林德（Ketteler）赴總署衙門途中在北京街頭被殺。這件事之後就沒有回頭路走了，兩軍全面開戰。慈禧 6 月曾召主和的李鴻章進京不果，到 7 月才斬許景澄等人，可見她舉棋不定，並非純粹的主戰派。

八國聯軍攻打大沽口，唯一沒有發炮的是美國。美國堅稱沒有向中國宣戰，只是來助中國平亂。美國當時的戰略是要脱歐入亞，一路向西發展，因此要擺出跟亞洲最大統一國家中國交好的姿態。

聯軍破了大沽口之後長驅直進，一萬多聯軍之中，日本8000 人，俄羅斯 4800 人，英國 3000 人，美國 2100 多人，法國 800 人，奧地利 50 人，意大利 53 人。6 月 21 日，中

國正式向多國宣戰，分別為英國、美國、法國、德國、俄羅斯、西班牙、比利時、荷蘭、奧地利、日本和意大利。其中西班牙、比利時和荷蘭沒有出兵，八國聯軍因而得名。

宣戰後北京亂作一團，對外通訊中斷。英國艦隊虎視眈眈，隨時準備開進長江趁火打劫。在這樣的情勢下，東南方的督撫，包括山東的袁世凱、兩廣的李鴻章，兩江的劉坤一和湖廣的張之洞，想出了一個互保的安排。參與其中的還有鐵路大臣盛宣懷和實業家張謇。他們的立場是：太后的宣戰詔書是義和團偽造的「矯詔」。他們不會與西方多國開戰，反而會保護僑民在當地的生命財產，更會互相照應。這是在亂世中自求多福的高明策略，全國十八省中有十三省加入協議。這同時是地方對中央的挑戰，前所未有；但慈禧是何等老練的政治家。她知道大清的國力今非昔比，沒有督撫支持會撐不下去，所以她說東南互保「甚合我意」，是「老臣謀國」。開戰後，身處北京的外國人紛紛逃到英國大使館，無法脫身。6 月底一批水果、蔬菜、麵粉和大米送到大使館，上面寫着「總署衙門」。這就是慈禧的手段，剛柔並濟，而負責執行的是她的心腹大臣榮祿。

榮祿受命向駐北京的英國使館發炮，他的部將張懷芝將炮對準使館，然後問榮祿是否真的開炮。榮祿答道：「大炮一響，裏面是聽得到的。」於是張懷芝把對準使館的大炮移

到偏離目標，跟着多次發射。在一片隆然巨響中使館與裏面的外國人絲毫無損。榮祿這句話，可能令大清避過被瓜分的命運。

開戰前光緒曾評估滿清的勝算。他説滿清在甲午戰爭中連一個日本也打不過，面對八國聯軍焉能不敗？這話一點沒錯，即使只是八國的拉雜成軍，對付一盤散沙的清兵和企圖以「潑糞制敵」的團兵，還是綽綽有餘。

7月13日，天津失守，聯軍進城後燒殺搶掠，河水因屍體堵塞不能流動。100萬天津人，減去被殺和跑掉的，只剩下約十萬人。天津淪陷，聯軍8月開始攻打北京。8月7日李鴻章被委任為全權談判大臣，之後北京失守，太后在甘軍保護下撤離。離開北京的時候光緒説要留下談判，但慈禧怎可能給他一個翻身的機會？光緒要走，把他「帶壞」的珍妃更要死。她吩咐太監崔玉貴把珍妃扔進井裏，然後帶着光緒和隆裕皇后等一千多人逃到西安。

8月20號，光緒寫下「罪己詔」承認過失，滿清投降。9月18日李鴻章坐船到北京議和，想在天津大沽口靠岸，但德軍不允，俄羅斯卻讓他上岸。八國聯軍其實各懷鬼胎：英國不想見到中國四分五裂，因為英國當年是中國最大的貿易夥伴，中國百分之七十的入口貨品來自英國。瓜分中國，對英國弊大於利。

至於美國，當年還沒有掠奪殖民地的實力和胃口，所以和英國站在同一戰線。對俄羅斯、日本、法國和德國而言，瓜分中國符合他們的最大利益，並且越快越好。俄羅斯尤其覬覦東北三省，所以努力促成談判，特別護送李鴻章到天津。

　　談判的過程異常艱辛。英美提出要懲罰中國人，賠款以人頭計一人一兩。以當時中國四億五千萬人口計算，即是要賠四億五千萬兩。分 39 年支付，年息四釐，總計九億八千兩百萬兩，史稱「庚子賠款」，是中國史上最大筆賠款。後來美國牽頭退還部分賠款，但指定要用於教育，例如成立清華學校（今清華大學）。著名知識分子胡適，就是受惠於庚子賠款的學生。滿清最後簽訂的《辛丑條約》更規定，北京的大使館區內中國人不得居住，各國可派兵保護。至此中國在滿清統治下終淪為半殖民半封建的失敗國家。滿清唯一想到的，就是靠取悅洋人保命。「量中華之物力，結與國之歡心」，是慈禧的肺腑之言。她只吩咐李鴻章，儘力爭取不要讓大清賠得太重。

　　李鴻章下了決心不簽喪權辱國的條約。他對各國的談判代表說，不是我們中國跟你們打仗，也不是你們侵略我們，是你們幫我們平亂。所以《辛丑條約》的正式名稱是《中國與十一國關於賠償 1900 年動亂的最後協定》（Final Protocol for the Settlement of Disturbance in 1900）。聯軍堅持要「人頭

落地」，對主戰派作出懲處。結果，已死的莊親王被鞭屍；大學士徐桐在聯軍攻入北京之際懸樑自盡，他的兒子也要死；仇教排外的山西巡撫毓賢也要死。與聯軍多次交鋒的甘軍主帥董福祥運氣較好，沒有被殺，只被流放到寧夏隱居。

協議簽訂後，俄羅斯人還不滿足，想逼李鴻章簽出賣滿洲利益的條款。李鴻章在百般無奈的情況下簽了喪權辱國的《辛丑條約》，心力交瘁，當場胃血管破裂，口吐紫黑色血塊。這是他氣絕前留下的詩句：

> 勞勞車馬未離鞍，
> 臨事方知一死難。
> 三百年來傷國步，
> 八千里外弔民殘。
> 秋風寶劍孤臣淚，
> 落日旌旗大將壇。
> 海外塵氛猶未息，
> 請君莫作等閒看。

義和團之亂平息後，美國文豪馬克・吐溫（Mark Twain）發表《我是拳民》（I am a Boxer）一文，為義和團抱不平。他說：「為何中國總是擺脫不了洋人的滋擾？洋人，回家吧，

還中國她的寧靜安穩。我們不讓中國人到我們這裏來，也應該讓中國人決定誰人有權踏足他們的土地。中國人不想洋人在他們的地方生事，我們也不想他們在我們的地方生事。在這件事情上，我百分百支持義和團。團民是如假包換、貨真價實的愛國者。」

正確的道路

慘絕人寰、荒謬絕倫的義和團之亂沒有也不可能在今日中國發生，原因有二。

第一，今日的中國日益強大，不再是昔日任人宰割的羔羊。人民在政府的護蔭下自然毋須靠匹夫之勇和怪力亂神抵抗外侮。第二，義和團是羣眾廣泛的無知，加上大規模失業和饑荒的產物。近年來，中國政府在教育、穩就業和推動脫貧方面做了大量工作，成績有目共睹。有謂現世是羣眾愚昧的黃金時代（golden age of mass stupidity），但中國透過信息辦和國家廣播電視總局等在監管互聯網、手機網絡遊戲和媒體節目各方面多管齊下，令集體無知沒法在社會生根。

西方有些政客和新聞媒體動輒搬出所謂「中國威脅論」來製造反華情緒，或為他們的政策辯護。這固然可笑，但想深一層，也反映了這些人和勢力即使心有不甘，也不能不對今日的中國有所敬畏，英文叫 "grudging respect"。美國國防部每年向參議院提交的《中國軍事與發展安全報告》（Report on Military and Security Developments Involving the People's Republic of China）就是好例子。在 2021 年的報告，美軍着力渲染解放軍擴充核武庫、生產更多核彈頭和核載具，並指中國可能已建立「海基、陸基和空基三位一體的核打擊力

量」。《報告》估計，解放軍在未來五年擁有的「可投送」核彈頭可能多達 700 枚，到 2030 年更可能增加到 1000 枚。

除了憂心忡忡地預計中國的核武力發展，報告也不忘在常規武器方面讓「中國威脅論」粉墨登場。它提到中國擁有約 350 艘軍艦和潛艦，其中包括 130 多艘水面作戰艦，是「世界上最大規模的海軍」。相比之下，美國海軍只有約 293 艘戰艦。它擔心在建造艦艇與開發彈道飛彈、巡弋飛彈以及綜合防空系統等多個關鍵領域，中國將趕上甚至超越美國。

報告指解放軍正朝著「本世紀中葉全面建成世界一流軍隊」的目標進發，並要在「2027 年達致現代化的里程碑」。並指解放軍不斷壯大，是為了提升中國「能打仗」和「打勝仗」的能力，以對抗「強敵」。

實情是今日的中國不會威脅任何人，但任何人也不要妄想可以威脅中國。「要不想給人欺侮，中國必須強大起來」。「能戰方能止戈，敢戰方能言和」，中國由在滿清統治下任人宰割的羔羊，變成欺凌者眼中的「威脅」和「心腹之患」，關鍵在於今日中國的「強大」、「能戰」和「敢戰」。

論軍事實力，中國在海陸空三方面確實居於世界前列。同樣重要的，是中國的工業基礎鞏固，一旦開戰也能自行生產武器裝備和完成各種物資的準備工作，不會受制於人。解放軍自 1979 年的中越戰爭後沒有上過戰場參與大型戰事，

但每年都在實戰演習中度過，戰鬥力絲毫無損。中國的目標是在 2035 年前完成軍事現代化，2049 年前建立「世界一流」的軍隊。中國領導人多次提到「建軍一百年奮鬥目標」。「建軍百年」指的是 2027 年，即是「南昌起義」100 周年。「建軍百年奮鬥目標」是中央近年給予中國軍隊的一個指向性任務，重點是「提高捍衛國家主權、安全、發展和利益的戰略能力」。

這一切說明一個簡單但鐵一般的事實：中國不再是百多年前滿清統治、任人欺凌的「沉默的羔羊」。第一代領導人毛澤東早就說過：「人不犯我，我不犯人，人若犯我，我必犯人」。咄咄逼人從來不是中國的外交傳統，但卑躬屈膝也不是中國人的氣節。面對霸權霸凌，中國不主動惹事，但也不怕事。今日強大的中國有決心，更有能力捍衛國家的主權與領土的完整，以及十四億人民的利益。

十四億人口是甚麼概念？是遠遠多於美國、俄羅斯、日本、英國、德國、法國和南韓人口的總和。管理十四億人口的挑戰，其他國家根本無法想像。如何開發民智、教育羣眾，防止他們因被誤導、被蠱惑和被煽動，而做出違反自身和國家利益的事情，是中國政府的重大考量，並視之為當務之急。

這並非杞人憂天。愚蠢古已有之，但從未像今天那樣

無處不在和招搖過市。從前，愚蠢是個人的行為或性格特徵，今日卻是集體的羣眾現象（mass phenomenon）。經濟學有所謂「經濟人」（homo economicus）假設，認為人做的決定大多合乎自身利益。這個假設在今日已經站不住腳，"homo economicus" 已被 "homo stupidus"（蠢人）取代。今人只要被稍加操弄，就會做出種種與自身利益背道而馳的行為。簡言之，這就是今天美國社會的寫照。美國作家厄普代克（John Updike）說，在美國，很多人處心積慮要令你活得爽（America is a vast conspiracy to make you happy.）。他指的是美國的娛樂事業，以及無孔不入的娛樂化包裝。可是看看當下的美國，從政客的指鹿為馬到科網公司對用戶的操縱，更接近現實的說法是「在美國，很多人處心積慮要令你變得愚蠢」（America is a vast conspiracy to make you stupid.）。美國人的整體智力下降，跟互聯網在這個國家不受監管的野蠻發展大有關係。哈佛大學發展心理學家加德納（Howard Gardner）曾提出多元智能論（theory of multiple intelligences）。他認為互聯網日復日、年復年地侵蝕大腦的三大能力，水滴石穿，終令美國人的功能性智力水準（level of functional intelligence）大幅衰退。這三大能力分別是分辨真偽、鑒賞美醜和辨別是非。

在這個愚蠢的黃金時代，愚蠢才是最需要我們警惕的大傳染病。本來受教育是對抗這病毒最有效的疫苗，但愚蠢不

但感染力強，變種更多不勝數，即使受過高深教育也未必免疫。美國自詡國民的識字率高達 99％，有世界一流的大學和高等學府；但很多美國人對假新聞、偽科學、陰謀論和以訛傳訛幾乎沒有抵抗力。美式愚蠢有時是一種理性的失控和矯枉過正（an excess of reason）。美國的教育制度培養學生的獨立思考和自主，但產生的非預期後果（unintended consequence），卻是在校園製造大量集體愚蠢。美國知識分子的特點，是有時甚麼都相信，有時甚麼都不相信。這就是「認知虛無主義」（cognitive nihilism），也是在美國大行其道的「取消文化」（cancel culture）和「指控文化」（call-out culture）的基礎。總統大選的結果備受質疑，新冠疫症造成百萬人死亡，美國為大眾愚蠢付出驚人的代價。

中國是全球人口大國，又是多民族國家。若然集體愚蠢在它的土壤落地生根，導致的後果會是災難性的，會較美國的情況更壞。這就是中國對科技公司、教育、房地產和娛樂產業加強監管的原因。

數據顯示，中國 1.8 億的未成年網民當中，超過 60％經常在網上玩遊戲。在 1.1 億的未成年手機遊戲用戶當中，13％每日玩手機遊戲均超過二小時。沉迷網絡遊戲對中國未成年人的生理和心理帶來嚴重的負面影響，中國官方媒體稱它為「精神鴉片」和「電子毒品」並不為過。中國超過一半兒

童和青少年患有近視，因沉迷網絡遊戲而影響學業、引發性格異化的現象呈增長趨勢。

中國遊戲業已發展成巨大產業，2020 年實際銷售收入超過 2700 億元，按年增長 20.71%。如果中國政府關心的只是利潤、市場份額和產業發展，以上描述的問題大可當作是產品成功的外部成本（external cost）。

中國政府經過深思熟慮，決定給網絡遊戲的監管出重拳：所有網絡遊戲用戶均需使用有效身份訊息方可進行遊戲賬號註冊；嚴格控制未成年人使用網絡遊戲的時長。規定每日晚上十時到次日早上八時不得為未成年人提供遊戲服務，法定節假日每日不得超過三小時，其他時間每日不得超過 1.5 小時。2022 年 6 月 1 日，新修訂的未成年人保護法正式實施，其中新增「網絡保護」專章，規定網絡產品和服務提供者不得向未成年人提供誘導其沉迷的產品和服務。政策在資本市場產生震盪，引致主流遊戲公司的股價大幅下跌；但反映了政府決心把防沉迷作為政策重點。很明顯，政府從歷史中汲取了教訓，知道開發民智比甚麼都重要。

當然，試圖令社會一路「往下笨」（dumbed-down）的不只是網絡遊戲。滲透力極強的飯圈（粉絲圈）文化製造令人甘之如飴的大眾愚蠢，參與其中的人以為自己是在「追星」，其實是被資本利用進行傳銷或洗腦。中國的人口多，愚蠢就

會像流行病一樣大量傳播。造成飯圈亂象的根本原因是流量經濟，因為流量代表的是明星的商業價值和變現能力。在資本和平台的推波助瀾下，粉絲投入大量金錢和時間打榜追星。部分藝人的道德、法律底線雙雙失守，會影響青少年的身心健康。飯圈甚至成為非法集資、流量造假等犯罪行為的溫牀。這是中國政府大力整頓粉絲圈子和文娛產業的原因。

然而集體愚蠢的主要「生產者」是互聯網。互聯網是全球最大、最方便的資訊、情報和資料中心；但當中大部分是未經過濾的觀點和沒有查核的數據，以及無法證實的傳言和猜測。利用先進的通訊科技，把這一切放進現代人隨身攜帶的智能電話裏供他們任意使用，結果產生了一個同時充斥着真實資訊、虛假資訊和錯誤資訊的社會。在資訊如此混亂的情況下，現代人難以在充分了解情況後作出有依據的選擇和決定（informed choice/decision）。他們會像鐘擺般由輕信、易受騙盪向懷疑一切。納粹德國的國民教育部及宣傳部部長戈培爾說過，將謊言說上一千次，它就會變成真相（A lie told a thousand times becomes the truth）。有人說戈培爾是宣傳的天才，其實他只是個「說謊成性者」（pathological liar）。他當然無法預見謊言在互聯網世界自我複製的能力。從這個角度看，互聯網是人類史上威力最強大的謊言製造機。

北京對此沒有掉以輕心。中國政府已建立全面的互聯網

內容監管制度，包括合法經營主體公示制度、上網資訊記錄制度、違法資訊保存與報告制度和協同配合制度。很多人說互聯網難以監管，甚至無法監管，但中國的監管當局採用事前（以許可為主）、事中（以企業監測為主）和事後（以關閉網站、吊銷許可為主）的全流程管理手段，成效彰顯。今日在中國互聯網上，少有反對憲法、危害國家安全、損害國家利益、煽動民族仇恨、散播謠言和破壞社會穩定的資訊，豈是偶然？

第八章

從隨波逐流、任人宰割到走自己的路

清末新政與中國未來

袁世凱聯合多位督撫再請廢科舉，
清政府最後認為袁世凱等人「所陳
不為無見」，頒令自 1906 年始將所
有鄉會試及各省歲科考一律廢止。

中國的成功證明，一個國家
走甚麼發展道路，按照甚麼
樣的方式發展，是國民自己
的事情，應由他們自主決定。

清末新政

　　八國聯軍以平定義和團和保護國民為藉口入侵中國，清廷不單無力抵抗，還要向「協助平亂」的多國賠款四億五千萬兩，分 39 年付清，最後要償還的款項高達九億八千萬兩。至此，清政府早已國庫空虛，加上士氣低落，民望更跌至谷底，距在歷史上消失只有短短十年。然而大清的覆滅並非必然，也不是因為侵略者的船堅炮利無可抵擋；而是它自毀長城，在最重要的事情上判斷錯誤和進退失據。這可以從袁世凱的仕途說起。

　　1901 年展開的新政可說是滿清的最後機會。慈禧屈服於西方國家的淫威，不得不進行全面改革。以大臣剛毅、載漪和載瀾為首的清廷內部排外勢力崩潰，亦為改革掃除障礙。練新軍、推行新政勢在必行，問題是誰人可以擔此大任？答案是袁世凱。袁世凱在眾望所歸的情況下接替李鴻章出任北洋大臣，本是滿清轉弱為強的契機。他早已證明自己是能當大任者：在朝鮮擊退日軍，把拳民趕出山東，在八國聯軍入侵之際令山東轉危為安，新軍在他的訓練下脫胎換骨。能夠得到各方勢力認可，包括外國政府，唯袁世凱一人矣。對滿清更重要的，是袁世凱務實。從訓練新軍就可看到，袁世凱是推行改革的最佳人選。

袁世凱練新軍，不是把一切推倒重來，而是在舊的基礎上創新、去蕪存菁和汰弱留強。比方說，李鴻章的淮軍以舊式方法管治軍人，軍人可以目不識丁，只要勇猛就可。袁世凱訓練新軍，要求軍人來自殷實家庭、不吸食鴉片、有氣有力之外還要識字，因為槍炮是機器，要識字才懂得使用。他知人善任，從李鴻章訓練的淮軍選出最能幹的委以重任，例如在德國留學的段祺瑞。他又在甲午戰爭的敗軍中篩選士兵，然後以德國練兵的方式「再培訓」，將他們分為工兵、炮兵和步兵，不只裝備是德國式，組織也是。

　　袁世凱與洋人周旋，懂得以其人之道還治其人之身，從以下事件可見。他派三千警察進駐天津，裝備與軍人無異。外國政府抗議，指《辛丑條約》不容許中國在京津駐軍。袁世凱說「這些是警察，不是軍人」，洋人即時語塞。

　　除新軍外，袁世凱在辦教育和推動實業方面也做出成績。這是歷史的諷刺：袁世凱在「戊戌變法」中告密，但後來卻循序漸進、有條不紊地做「戊戌變法」想做的事情。結果，1905 年後，袁世凱的新政，比之前光緒、康有為、梁啟超、譚嗣同等人主導的變法推行得更徹底，也更成功。問題也在這裏——身為漢人的袁世凱成功推行新政，成為滿清皇族的重大威脅。最直接的是軍事上的威脅：袁世凱的北洋軍佔全國十四鎮新軍的一半。每鎮軍人一萬二千，在袁世

凱的訓練下軍紀嚴明、組織緊密和士氣高昂。他們採用的軍備槍械從軍事強國德國購入，也是全國最先進的。然而本應是大清希望的袁世凱，被朝中大臣和近支皇族視作隱患，當中包括醇親王載灃。

載灃的家勢顯赫。他是醇親王奕譞的兒子、慈禧妹妹的養子和光緒皇帝的弟弟，也是日後末代皇帝溥儀的父親。庚子事變後，載灃獲任命為頭等專使，赴德國為其駐北京公使克林德（Clemens August Freiherr von Ketteler）被殺一事賠罪。德皇威廉二世（Kaiser Wilhelm II）要他下跪，想當眾羞辱他。載灃答道：「逼我下跪是野蠻的表現；德國不是野蠻國家，所以我無需下跪。」如此不慌不忙和不卑不亢，不但令在場人士折服，連英國《泰晤士報》也不得不讚賞載灃氣度不凡和學問淵博。載灃不但在國際社會薄有名聲，在清廷的地位更舉足輕重，先後任軍機大臣及監國攝政王等要職。然而很可惜亦很不幸，袁世凱與載灃兩個清末的關鍵人物，未能聯手合作扭轉國運。

這不難理解。載灃憎恨袁世凱，因為在「圍園殺后」一事上，袁世凱曾經向榮祿告密，出賣他的兄長光緒，這是私怨。公仇是袁世凱功高蓋主、擁兵自重，對滿人的統治構成威脅。當時在北洋軍廣泛流傳一句話，軍人說他們是「吃袁宮保的飯，穿袁宮保的衣」。「宮保」是袁世凱的別名，

指他是對朝廷有功的大臣。那即是說，北洋軍已成袁世凱的私家軍。以載灃當時在朝廷的勢力，本可置袁世凱於死地。可是，訓練湖北新軍的張之洞識英雄重英雄，讚賞袁世凱是不可多得的人才。更關鍵的是他領導的北洋新軍對他極其忠心，朝廷若對袁世凱動手，難保不會引發兵變。載灃權衡利害之後決定不殺袁世凱，只把他貶回河南省彰德的老家，說他「足疾未愈，開缺回籍」。袁世凱一走，清廷再沒有人能夠有效調動北洋軍。兩年後張之洞撒手人寰，滿清覆滅的命運迫在眉睫。

袁世凱還做了一件事。早年他曾兩度考科舉皆名落孫山，一氣之下投筆從戎，反而平步青雲。這是否導致袁世凱對科舉萌生既憎恨又輕蔑的複雜感情，成為他日後非廢除這個制度不可的動力，原因不得而知。

清末實行新政，劉坤一與張之洞提出改革科舉，清政府遂詔令廢八股，改試策論。袁世凱聯合多位督撫再請廢科舉，清政府最後認為袁世凱等人「所陳不為無見」，頒令自1906年始將所有鄉會試及各省歲科考一律廢止。

社會學有一概念叫「非預期後果定律」(law of unintended consequences)，指即使是精心策劃、深思熟慮的行動，也會帶來沒有預計的後果、引發意想不到的效應和偏離行動的原意。廢科舉引發一系列事件以及它們累積的「持續效應」，

把大清進一步推向深淵。

廢科舉的原意是解放思想，讓讀書人可以掙脫寫八股文和背誦四書五經的形式主義枷鎖。國家正處於水深火熱之中，可以經世濟民、為種種問題提供解決之道，才是有用的知識。為了推行新學，科舉必須廢除。

科舉被廢後，年輕一代接觸到西學，認為只有革命才能拯救中國，紛紛加入新軍。1911 年新軍在武漢發動兵變，史稱「武昌起義」，是辛亥革命的開端。其實科舉的制度行之有效，並無問題。有問題的是迂腐、與現實脫節的考試內容和僵化的答題形式。

清廷對科舉「廢之而後快」，可見經歷甲午戰爭與八國聯軍戰役的慘敗和屈辱之後，滿清元氣大傷，自信崩潰，已到慌不擇路、藥石亂投的地步。在崇洋和崇日的深層心理驅使下，清廷做了改革措施，但為時已晚，只能加速自己的衰敗。

1904 至 1905 年日俄戰爭爆發，戰場是中國東北的滿洲，因為兩國爭奪的是當地和朝鮮的利益。俄羅斯欺壓中國多年，反而日本對中國的豺狼之心到 1915 年《21 條》後才昭然若揭。當時中國的官方立場是保持中立，但在日俄戰爭中死去的中國人是日本人和俄羅斯人的三倍。

滿清急於向戰勝的日本取經，不顧自身國情，不問是否

可行，虛擲寶貴的精力、時間和資源，結果時不與我，回天乏術。憲政國日本打敗專制國俄羅斯，立憲乃強國之道，中國要轉弱為強，必須效法日本立憲。這是滿清從日俄戰爭吸取的錯誤教訓。

一個不知憲法為何物的國家要立憲，該如何開始？滿清派以近支皇族載澤為首的五大臣出洋問道。五人返國途經日本，竟求教於因參與戊戌政變而被通緝的「憲政專家」梁啟超，最後呈交慈禧審閱的詔書正是出自梁啟超的手筆。慈禧支持立憲，因為在她看來，憲法不但不會削弱她的權力，更可保大清近支皇族宗室之地位於長久。到最後一刻還置個人利益和家族利益於人民和國家利益之上，大清焉能不亡？

清末新政是四面楚歌、山窮水盡的清政府推出的「非常手段」。非常時期需用非常手段（Extraordinary times calls for extraordinary measures.），情有可原。但此等非常手段最後做到的，只是加深國家的分裂和加劇清朝的敗亡。這個「分」與今日中國集中力量辦大事的「合」，相距何止十萬八千里？

走自己的路

　　走自己的路還是別人的路，是關鍵的人生抉擇。在膾炙人口的英文流行曲《My Way》中，歌者回首一生，最自豪的是自己堅持走自己的路。美國詩人弗羅斯特（Robert Frost）家喻戶曉的《未選擇的路》（The Road Not Taken）的最後一節，不知説出多少人的心聲：「林子裏有兩條路，我 —— 我選擇了行人稀少的，從此改變自己的人生」（Two roads diverged in a wood, and I—I took the one less traveled by, and that has made all the difference）。走自己的路還是別人的路，是理解中國近代史 —— 從一個朝代的覆亡到一個民族的復興 —— 的關鍵。

　　走自己的路，是新中國自 1949 年立國以來歷代領導人的共識。立國初時，中國生產力和發展水準落後，百廢待興。領導人既不能把書本當教條，也不能把外國的成功經驗移植到中國。任何學説、理念和「最佳實踐」（best practices），以至成功的方程式，都必須與中國的實際情況結合，才能找到正確、符合中國國情的發展道路。

　　是故，獨立自主搞建設，是第一代領導人毛澤東始終堅持的信念。毛澤東特別強調要發揚獨立自主的探索和實踐精神。他説：「中國的革命和中國的建設，都是依靠發揮中國人民自己的力量為主，以爭取外國援助為輔，這一點也要

弄清楚。那種喪失信心,以為自己甚麼也不行,決定中國命運的不是中國人自己,因而一切依賴外國的援助,這種思想是完全錯誤的。」他曾風趣地講過,不要先生,自己讀書,自己寫字,自己想問題。的確,像「搬字過紙」般「臨摹」他國的成功或許能應一時之急,但不能建一世之功。畢竟這是其他國家根據自身國情得來的建設模式。隨着各項建設的推進,其他國家行之有效的模式必然會和本國特有的國情和現實產生矛盾。毛澤東説得好,「像中國這樣大的國家,應該『標新立異』。」

改革開放以後,當時的領導人鄧小平從歷史中學習,明確提出「走自己的路,建設有中國特色的社會主義」。他強調,中國要成功,一定要把理論和信念結合中國的實際情況。唯有秉持走自己的路,堅定不移地推進改革開放,中國才可以取得巨大成就。他指出:「中國的事情要按照中國的情況來辦,要依靠中國人自己的力量來辦。獨立自主,自力更生。無論過去、現在和將來,都是我們的立足點。」他還強調,任何外國不要指望中國做他們的附庸,不要指望中國會吞下損害自身利益的苦果。

到今日,中國更堅定不移地走自己的路,信心滿滿。領導人習近平在慶祝中國共產黨成立 100 周年大會上強調:「我們積極學習借鑒人類文明的一切有益成果,歡迎一切有

益的建議和善意的批評，但我們絕不接受『教師爺』般頤指氣使的説教！中國共產黨和中國人民將在自己選擇的道路上昂首闊步走下去，把中國發展進步的命運牢牢掌握在自己手中！」他指出，中國政府在領導建設和改革的長期實踐中，一直堅持獨立自主地開拓前進道路。這獨立自主的探索和實踐精神，以及堅持走自己的路的信心和決心，是「所有理論和實踐的立足點」。

走自己的路，就是按照中國的情況、依靠中國人自己的力量來解決中國的問題。這既是歷史經驗，也是現實要求。每個國家都有自己獨特的歷史、文化傳統及生存條件，因此每個國家的發展道路都是獨特的。中國是世界人口大國，不發展中國特色社會主義，不改革開放，如何能夠創造經濟奇跡，在短短數十年內令人民脱貧？「一國兩制」是中國人的另一偉大構想，幫助國家恢復對香港和澳門行使主權，實現和平統一。這些都是中國走自己的路走出海闊天空的例子。

今時今日，堅持獨立自主的實踐精神和原則立場，符合時代潮流，有利世界各國的發展。不同的文化和歷史，決定世界各國的發展道路。發展方式可以是多種多樣的。中國的成功證明，一個國家走甚麼發展道路，按照甚麼樣的方式發展，是國民自己的事情，應由他們自主決定。堅持獨立自主，才能相互尊重、相互學習，才能有更好的發展。

當然，走自己的路不會比隨波逐流容易。義無反顧地走自己的路需要強大的自信 —— 理論自信、制度自信和文化自信。如果讀清史往往令中國人既羞愧又憤恨，看今日中國如何走自己的路，做中國人的自信全都回來了。走自己的路，不但為中國人贏回做中國人的尊嚴與光榮，更締造了人類社會前所未有的發展成就。在實現民族復興和第二個百年奮鬥目標的過程中，中國還會遇到很多新的困難與挑戰。但可以肯定，中國會始終不渝地走自己的路，堅守安身立命之本，迎來中華民族更美好的發展前景。

參考文獻

Anderson, Benedict. *Imagined Communities: Reflections on the Origin and Spread of Nationalism*. London: Verso (revised edition), 2011.

Aurelius, Marcus. *Meditations*. South Carolina: CreateSpace Independent Publishing Platform, 2018.

Banno, Masataka, *China and the West 1858−1861: The Origins of the Tsungli Yamen*. Cambridge, Mass.: Harvard University Press, 1964.

Bayly, Christopher. *Imperial Meridian: The British Empire and the World 1780−1830*. London: Routledge, 2016.

Bergère, Marie-Claire. *Sun Yat-sen*, Paris: Fayard, 1994.

Bernard, Dallas. *Narrative of the Voyages and Services of the Nemesis, from 1840 to 1843 and of the Combined Naval and Military Operations in China: Comprising a Complete Account of the Colony of Hong Kong, and Remarks on the Character and Habits of the Chinese*. London: Henry Colburn, 1844.

Bickers, Robert ed., *Ritual and Diplomacy: The Macartney Mission to China, 1792–1794*. London: Wellsweep Press, 1993.

Bickers, Robert. *The Boxers, China, and the World*. Lanham: Rowman & Littlefield, 2007.

Bickers, Robert. *The Scramble for China: Foreign Devils in the Qing Empire, 1800–1914*. London: Allen Lane, 2011.

Cannadine, David. *The Undivided Past: Humanity Beyond Our Differences.* New York: Vintage, 2014.

Carroll, John. *A Concise History of Hong Kong.* Lanham: Rowman & Littlefield, 2007.

Chang, Chung-li. *The Chinese Gentry.* Seattle: University of Washington Press, 1955.

Chang, Hsin-Pao. *Commissioner Lin and the Opium War.* New York: W. W. Norton & Company, 1964.

Chang, Jung. *Empress Dowager Cixi: The Concubine Who Launched Modern China.* New York: Knopf, 2013.

Chen, Jerome. *Yuan Shih-k'ai 1859—1916,* London: George Allen & Unwin, 1961.

Chiang, Siang-tseh. *The Nien Rebellion,* Washington: University of Washington Press, 1967.

Cohen, Paul. *History in Three Keys: The Boxers as Event, Experience, and Myth.* New York: Columbia University Press, 1997.

Cohen, Paul. *China and Christianity: The Missionary Movement and the Growth of Chinese Anti-Foreignism, 1860–1870.* Cambridge: Harvard University Press,1963.

Denby, Charles. *China and Her People: Being the Observations, Reminiscences, and Conclusions of an American Diplomat.* Boston: L. C. Page & Company. 1906.

Dershowitz, Alan. *Cancel Culture: The Latest Attack on Free Speech and Due Process.* Hot Books, 2020.

Elleman, Bruce. *Modern Chinese Warfare, 1795—1989.* London: Routledge, 2005.

Fairbank, John King. *Trade and Diplomacy on the China Coast: The Opening of Treaty Ports, 1842—1854.* Cambridge, Mass.: Harvard University Press, 1964.

Fargue, Thomas, *China's First Hundred: Educational Mission Students in the United States*. Washington: Washington University Press, 1987.

Feuerwerker, Albert. *China's Early Industrialization; Sheng Hsuan-huai (1844–1916) and Mandarin Enterprise*. Cambridge: Harvard University Press, 1958.

Fravel, Taylor. *Strong Borders, Secure Nation: Cooperation and Conflict in China's Territorial Disputes*. Princeton: Princeton University Press, 2008.

Freeman, Maurice, *Chinese Lineage and Society: Fukien and Kwangtung*. London: Athlone Press, 1966.

Fukuyama, Francis. *Trust: Human Nature and the Reconstitution of Social Order*. New York: Free Press, 1996.

Gardner, Howard, Katie Davis. *The App Generation: How Today's Youth Navigate Identity, Intimacy and Imagination in a Digital Word*. New Haven: Yale University Press, 2013.

Gordon, Andrew. *A Modern History of Japan: From Tokugawa Times to the Present*. New York: Oxford University Press, 2003.

Graham, Gerald. *The China Station: War and Diplomacy, 1830–1860*. Oxford: Oxford University Press, 1978.

Hanser, Jessica. *Mr. Smith Goes to China: Three Scots in the Making of Britain's Global Empire*. London: Yale University Press, 2019.

Hofstede, Geert. *Culture's Consequences: Comparing Values, Behaviors, Institutions and Organizations Across Nations*. Thousand Oaks: Sage Publications, 2003.

Hsiao, Liang-lin. *China's Foreign Trade Statistics, 1864–1949. 1st ed. Vol. 56*. Boston: Harvard University Asia Center, 1974.

Hsü, Immanuel Chung-Yueh. *The Rise of Modern China*. New York: Oxford University Press, 2006.

Huang, Xiaoming. *The Institutional Dynamics of China's Great Transformation*. London: Routledge, 2011.

Ito, Takahashi. *The Japanese Economy*. Massachusetts: MIT Press, 1991.

Katz, Raul ed.. *Creative Destruction: Business Survival Strategies in the Global Internet Economy.* Massachusetts: The MIT Press, 2002.

Latourette, Kenneth. *A History of Christian Missions in China.* New York: Russell & Russell, 1967.

Levenson, Joseph. *Liang Ch'i Ch'ao and the Mind of Modern China.* Chicago: Muriwai Books, 2018.

Levenson, Joseph. *Revolution and Cosmopolitanism: the Western stage and the Chinese stages.* California: University of California Press, 1971.

Li Chen, *Chinese Law in Imperial Eyes: Sovereignty, Justice, and Transcultural Politics.* New York: Columbia University Press, 2016.

Li, Shen Ming. *Common Prosperity and Socialism with Chinese Characteristics.* Beijing: China Social Sciences Press, 2011.

Locke, John. *Two Treatises of Government.* Cambridge: Cambridge University Press, 1988.

Lovell, Julia. *The Opium War: Drugs, Dreams and the Making of China.* New York: The Overlook Press, 2015.

Macaes, Bruno. *Belt and Road: A Chinese World Order.* London: C. Hurst & Co., 2020.

Malawer, Stuart. *Imposed Treaties and International Law.* New York: William S. Hein & Company, 1977.

Miron, Jeffrey, Chris Feige. *The Opium Wars, Opium Legalization, and Opium Consumption in China.* Cambridge: National Bureau of Economic Research, 2005.

Mitter, Rana. *A Bitter Revolution: China's Struggle with the Modern World.* Oxford: Oxford University Press 2004.

Morse, Hosea Ballou. *The Chronicles of the East India Company Trading to China, 1635−1834.* Folkestone: Global Oriental, 2007.

Morse, Hosea Ballou, *The International Relations of the Chinese Empire*, Taipei: Book World Co., 1960.

Mühlhahn, Klaus. *Making China Modern: From the Great Qing to Xi Jiping*. Cambridge: Belknap Press, 2019.

Nye, Joseph. *Why People Don't Trust Government*. Washington: Harvard University Press, 1997.

Pigou, Arthur. *Essays in Applied Economics*. London: Routledge, 1966.

Platt, Stephen. *Autumn in the Heavenly Kingdom: China, the West, and the Epic Story of the Taiping Civil War*. New York: Vintage Books, 2012.

Reilly, Thomas. *The Taiping Heavenly Kingdom: Rebellion and the Blasphemy of Empire*. Washington: University of Washington Press, 2011.

Report on Military and Security Developments Involving the People's Republic of China. US Department of Defense, 2021.

Rhoads, Edward. *Manchus and Han: Ethnic Relations and Political Power in Late Qing and Early Republican China, 1861–1928*. Washington: University of Washington Press, 2000.

Roebuck, Derek. *The Taking of Hong Kong: Charles and Clara Elliot in China Waters*. Hong Kong: Hong Kong University Press, 2009.

Rozman, Gilbert et al., *The Modernization of China*. New York: The Free Press, 1982.

Schon, Donald. *Organizational Learning: A Theory of Active Perspective*. Boston: Addison-Wesley, 1978.

Senge, Peter. *The Art and Practice of the Learning Organization*. New York: Doubleday, 1990.

Shakespeare, William, G. R. Hibbard. *Hamlet*. Oxford: Oxford University Press, 2008.

Shultz, George. *The 10 most important things I've learned about trust over my 100 years*. Washington Post, December 11, 2020.

Simmel, Georg. *The Problem of Sociology*. Franklin Classics Trade Press, 2018.

Spence, Jonathan. *To Change China: Western Advisers in China, 1620–1960*.

New York: Penguin Books, 1980.

Spence, Jonathan. *God's Chinese Son: The Taiping Heavenly Kingdom of Hong Xiuquan*. New York: W. W. Norton & Company, 1996.

Spence, Jonathan. *The Search for Modern China*. New York: W.W. Norton & Company, 2013.

Spence, Jonathan. *Treason by the Book*. London: Penguin Books, 2001.

Statista. "China: Number of Students That Study Abroad 2018 | Statista." Statista, Statista, 2018, www.statista.com/statistics/227240/number-of-chinese-students-that-study-abroad/.

Teng, Ssu-yu, and John Fairbank. *China's Response to the West: A Documentary Survey 1839–1923 with A New Preface*. Cambridge: Harvard University Press, 1954.

Tuck, Patrick ed., *Britain and the China Trade 1635–1842*. London and New York: Routledge, 2000.

Twitchett, Denis Crispin, et al. *The Cambridge History of China: Vol. 10, Late Ch'ing 1800–1911, Part 1*. Cambridge: Cambridge University Press, 1980.

Twitchett, Denis Crispin, et al. *The Cambridge History of China: Vol. 11, Late Ch'ing 1800–1911, Part 2*. Cambridge: Cambridge University Press, 1980.

Van Dyke, Paul A.. *The Canton Trade: Life and Enterprise on the China Coast, 1700–1845*. Hong Kong: Hong Kong University Press, 2007.

van de Ven, Hans, *Breaking with the Past: The Maritime Customs Service and the Global Origins of Modernity in China*. New York: Columbia University Press, 2014.

Venkataraman, Bina. *The Optimist's Telescope: Thinking Ahead in a Reckless Age*. New York: Riverhead Books, 2019.

Wakeman, Frederic. *Strangers at the Gate: Social Disorder in South China, 1839–1861*. Berkeley: University of California Press, 1997.

Wakeman, Frederic. *The Fall of Imperial China*. New York: Free Press, 1977.

Walker, Chris. *TikTok Boom: China's Dynamite App and the Superpower Race for Social Media.* London: Canbury Press, 2021.

Walker, Iain. *Relative Deprivation: Specification, Development and Integration.* Cambridge: Cambridge University Press, 2001.

Wang, Dong. *China's Unequal Treaties: Narrating National History.* Lanham: Lexington Books, 2008.

Wang, Xiong. *China Speed: China's High-Speed Rail.* Beijing: Foreign Language Press, 2018.

Waterman, Robert. *In Search of Excellence: Lessons from America's Best-Run Companies.* New York: Harper Business, 2006.

Webster, Anthony. *Gentlemen Capitalists: British Imperialism in Southeast Asia, 1770–1890.* London: I.B. Tauris, 1988.

Winnicott, Donald. *The Child, the Family and the Outside World.* London: Pelican Books, 1964.

Wilkinson, Richard, *The Spirit Level: Why Greater Equality Makes Societies Stronger.* New York: Bloomsbury Publishing, 2011.

Wong, John. *Deadly Dreams: Opium, Imperialism and the Arrow War (1856–1860) in China.* Cambridge: Cambridge University Press, 2002.

Wright, Richard N., *The Chinese Steam Navy 1862–1945*, London: Naval Institute Press, 2000.

Yang, Hongxing, Zhao Dingxin. *Performance Legitimacy, State Autonomy and China's Economic Miracle.* London: Rutledge, 2017.

Zhuang, Guotu. *Tea, Silver, Opium and War: The International Tea Trade and Western Commercial Expansion into China in 1740–1840.* Xiamen: Xiamen University Press, 1993.

2011/2012 Edelman Trust Barometer Global Report

中國第一歷史檔案館編:《英使馬戛爾尼訪華檔案史料彙編》,北京:國際
　　文化出版公司,1996年。

中國第一歷史檔案館編:《清政府鎮壓太平天國檔案史料》,北京:社會科
　　學文獻出版社,1999年。

中央研究院近代史研究所編:《道光咸豐兩朝籌辦夷務始末補遺(1842-
　　1861)》,台北:中央研究院近代史研究所,1966年。

中央研究院近代史研究所編:《中法越南交涉檔:光緒元年至宣統三年
　　(1875-1911)》,台北:中央研究院近代史研究所,1962年。

中央研究院近代史研究所編:《四國新檔(1850-1863)》,台北:中央研究
　　院近代史研究所,1966年。

中央研究院近代史研究所編:《教務教案檔:第二輯同治六年至同治九年
　　(1867-1870)》,台北:中央研究院近代史研究所,1974年。

中央研究院近代史研究所編:《教務教案檔:第七輯光緒二十六年至宣統
　　三年(1900-1911)》,台北:中央研究院近代史研究所,1981年。

中央研究院近代史研究所編:《近代中國對西方及列強認識資料彙編:第
　　一輯(1821-1861)》,台北:中央研究院近代史研究所,1972年。

中央研究院近代史研究所編:《近代中國對西方及列強認識資料彙編:第
　　三輯(1875-1893)》,台北:中央研究院近代史研究所,1986年。

中央研究院近代史研究所編:《近代中國對西方及列強認識資料彙編:第
　　四輯(1894-1900)》,台北:中央研究院近代史研究所,1988年。

中央研究院近代史研究所編:《近代中國對西方及列強認識資料彙編:第
　　五輯(1901-1911)》,台北:中央研究院近代史研究所,1990年。

中央研究院近代史研究所編:《海防檔(1861-1911)》,台北:中央研究院
　　近代史研究所,1957年。

中央研究院近代史研究所編：《中美關係史料：嘉慶道光咸豐朝》，台北：中央研究院近代史研究所，1968 年。

中央研究院近代史研究所編：《中美關係史料：光緒朝五》，台北：中央研究院近代史研究所，1990 年。

中央研究院近代史研究所編：《清季中日韓關係史料》，台北：中央研究院近代史研究所，1972 年。

中央研究院近代史研究所編：《膠澳專檔 (1897–1912)》，台北：中央研究院近代史研究所，1991 年。

中央研究院近代史研究所編：《保薦人才、西學、練兵 (1877–1913)》，台北：中央研究院近代史研究所，1991 年。

廣東省文史研究館編：《三元里人民抗英鬥爭史料》，北京：中華書局，1978 年。

國務院港澳事務辦公室香港社會文化司編：《香港問題讀本》，北京：中共中央黨校出版社，1997 年。

國史館校注：《清史稿校註》，台北：台灣商務，1999 年。

國家檔案局明清檔案館編：《戊戌變法檔案史料》，北京：中華書局，1958 年。

聯合報文化基金會國學文獻館整理：《清代起居注冊：道光朝》，台北：聯經出版公司，1985 年。

聯合報文化基金會國學文獻館整理：《清代起居注冊：咸豐朝》，台北：聯經出版公司，1983 年。

聯合報文化基金會國學文獻館整理：《清代起居注冊：同治朝》，台北：聯經出版公司，1983 年。

卜憲群：《習近平新時代治國理政的歷史觀》，香港：開明書店，2022 年。

上海毛澤東理論與思想研究會：《毛澤東：走自己的路》，上海：上海社會科學研究院出版社，1993 年。

中華書局編輯部編：《籌辦夷務始末（咸豐朝）》，北京：中華書局，2014 年。

中華書局編輯部編：《籌辦夷務始末（同治朝）》，北京：中華書局，2014 年。

中國史學會編：《洋務運動》，上海：上海人民出版社，1961 年。

王曾才：《清季外交史論集》，台北：台灣商務印書館，1972 年。

王炳耀輯：《甲午中日戰輯：附諫止中東和議奏書，冤海述聞》，台北：文海出版社，1966 年。

汪毅、張承棨編纂：《清末對外交涉條約輯》，台北：國風出版社，1964 年。

茅海建：《天朝的崩潰：鴉片戰爭再研究》，新北市：楓樹林出版社，2019 年。

茅海建：《苦命天子──咸豐皇帝奕詝》，台北：聯經出版，2008 年。

李國誠：〈清末邊臣奕山及其邊務初探〉，收入《史耘》第十八期，台北：國立台灣師範大學歷史學系，2017 年。

李隆生：《清代的國際貿易：白銀流入、貨幣危機和晚清工業化》，台北：秀威資訊科技股份有限公司，2010 年。

李隆生：〈清代（1645-1911）每年流入中國白銀數量的初步估計〉，《人文暨社會科學期刊》第五卷第二期，彰化：大葉大學，2009 年。

李稻葵：《中國經濟的未來之路：德國模式的中國借鑒》北京：中國友誼出版公司，2015 年。

李喜所：《近代中國的留學生》，北京：人民出版社，1987 年。

李鴻章：《李文忠公全集》，台北：文海出版社，1965 年。

李建德、楊永利：《中國道路的文化自信》，北京：研究出版社，2018 年。

林滿紅：〈中國的白銀外流與世界金銀減產（1814-1850）〉，《第四屆中國海洋發展史會議論文集》，台北：中央研究院中山人文社會科學研究所，1991 年。

林學忠：《從萬國公法到公法外交：晚清國際法的傳入、詮釋與應用》，上海：上海古籍出版社，2009 年。

劉鴻亮、孫淑雲：〈鴉片戰爭時期中英鐵砲材質的優劣比較研究〉，《清華學報》新三十八卷第四期，新竹：國立清華大學出版社，2008 年。

貝爾納‧布里賽；李鴻飛譯訂：《1860：圓明園大劫難》，上海：上海遠東出版社，2015 年。

黃宇和：《帝國主義的鳩夢 1800-1860》，香港：中華書局（香港）有限公司，2021 年。

湯象龍：《中國近代海關稅收和分配統計：1861-1910》，北京：中華書局，1992 年。

趙烈文撰：《能靜居日記》，湖南：岳麓書社，2013 年。

陳劍：《中國生育革命紀實（1978-1991）》，北京：社會科學文獻出版社，2015 年。

陳錫祺編：《孫中山年譜長編》，北京：中華書局，1991 年。

陳錫祺：《廣東三元里人民的抗英斗爭》，廣東：廣東人民出版社，1956 年。

香港地方志中心：《香港志：香港參與國家改革開放志》，香港：中華書局（香港）有限公司，2021 年。

容閎；徐鳳石譯：《西學東漸記》，香港：商務印書館（香港）有限公司，2021 年。

高全喜：《大國策：全球視野中的中國速度》，北京：人民日報出版社，2009 年。

郭嵩燾撰，陸玉林選注：《使西紀程：郭嵩燾集》，瀋陽：遼寧人民出版社，
　　1994年。

錢鋼：《大清留美幼童記》，香港：中華書局（香港）有限公司，2003年。

張蘊嶺、袁正清：《「一帶一路」與中國發展戰略》，北京：社會科學文獻
　　出版社，2017年。

吳福環：《清季總理衙門研究》，台北：文津出版社，1995年。

殷夢霞、李強選編：《國家圖書館藏民國軍事檔案文獻初編》，北京：國家
　　圖書館，2009年。

沈葆楨：《沈文肅公牘》，揚州：江蘇廣陵古籍刻印社，1997年。

沈雲龍編：《船政奏疏彙編》，台北：文海出版社影印，1975年。

楊家駱主編：《中日戰爭文獻彙編》，台北：鼎文書局，1973年。

孫應祥：《北洋海軍艦船志》，福州：福建人民出版社，2003年。

戚其章：《甲午戰爭史》，上海：上海人民出版社，2005年。

戚俊杰、劉玉明編：《北洋海軍研究》，天津：天津古籍出版社，1999年。

梁啟超：《戊戌政變記》，台北：文海出版社，1972年。

馬忠文：《榮祿與晚清政局（全新增訂版）》，香港：中華書局（香港）有限
　　公司，2021年。

俞新天：《走自己的路：對中國現代化的總體設計》，上海：上海人民出版
　　社，1994年。

齊善兵：《民主的選擇：中國為甚麼走自己的路（2017年輯）》，鄭州：河
　　南人民出版社，2017年。

逄先知：《光輝道路：中國特色社會主義》，香港：生活・讀書・新知三
　　聯書店，2018年。